高等院校医学实验系列教材

生物化学与分子生物学实验教程

主　编　雷霆雯　李红梅

编　委（按姓氏汉语拼音排序）

黄　劲　莫晓川　欧海龙　孙达权　王筑婷

吴　宁　曾　佳　张凯琳　张礼林

科学出版社

北　京

内 容 简 介

本书分四章：第一章为实验须知；第二章介绍常用实验技术和方法，包括如何设置对照、吸量管的种类及使用、离心技术、分光光度技术、电泳技术、层析技术等；第三章是基本实验项目，通过基本实验增强学生对理论内容的理解，学会生物化学与分子生物学实验中常见的技术方法，培养学生的基本实验操作能力；第四章为综合性实验，这部分实验可培养学生综合分析和解决问题的能力。

本书可作为医学院校各专业的生物化学与分子生物学实验教材，也可作为从事相关领域工作者的参考书籍。

图书在版编目（CIP）数据

生物化学与分子生物学实验教程 / 雷霆雯，李红梅主编 . —北京：科学出版社，2021.8

高等院校医学实验系列教材

ISBN 978-7-03-068806-4

Ⅰ . ①生… Ⅱ . ①雷… ②李… Ⅲ . ①生物化学 – 实验 – 医学院校 – 教学参考资料 ②分子生物学 – 实验 – 医学院校 – 教学参考资料 Ⅳ . ① Q5-33 ② Q7-33

中国版本图书馆 CIP 数据核字（2021）第 088988 号

责任编辑：李 植 / 责任校对：郑金红

责任印制：霍 兵 / 封面设计：陈 敬

科学出版社出版

北京东黄城根北街 16 号

邮政编码：100717

http://www.sciencep.com

石家庄继文印刷有限公司印刷

科学出版社发行 各地新华书店经销

*

2021 年 8 月第 一 版 开本：787×1092 1/16

2025 年 1 月第七次印刷 印张：6

字数：131 000

定价：29.80 元

（如有印装质量问题，我社负责调换）

前　言

生物化学与分子生物学是从分子水平探讨生命现象本质的科学，是生命科学领域中发展最为迅速、辐射面最广的基础学科之一，生物化学与分子生物学实验技术已成为揭示生命奥秘的重要手段。

贵州医科大学一直在临床医学相关专业及生物学等专业的生物化学与分子生物学课程中设有生物化学与分子生物学实验。为了更好地适应教学改革和学生学习的需要，2011年我们编写了一本适用于本校各本科专业的实验讲义——《生物化学实验》，并作为内部教材使用。经过多年使用，结合任课教师和学生反馈的意见，我们对讲义进行了多次修订、完善，使之更贴合教学需要。本书的编写是在讲义基础上做了修改，并增加了部分内容。本书的内容编排较为系统、可操作性强，突出实验原理、操作步骤和科学思维。参编者均为生物化学与分子生物学理论和实验教学一线的有丰富教学经验的教师。

对于书中不足之处，敬请大家指出，以便日后进一步完善。

编　者

2019年12月

前言

目　录

第一章　实验须知 …… 1

一、实验要求 …… 1

二、实验报告要求 …… 1

三、药品、试剂使用要求 …… 2

四、实验安全注意事项 …… 2

五、实验室清洁 …… 3

第二章　常用实验技术和方法 …… 4

一、实验对照的设置 …… 4

二、吸量管的种类及使用 …… 5

三、离心技术 …… 7

四、分光光度技术 …… 8

五、电泳技术 …… 11

六、层析技术 …… 13

第三章　基本实验项目 …… 15

实验一　蛋白质的沉淀反应 …… 15

实验二　蛋白质的两性反应和等电点测定 …… 17

实验三　血清蛋白醋酸纤维薄膜电泳 …… 18

实验四　蛋白质定量实验 …… 20

一、Folin-酚试剂法（Lowry法） …… 20

二、考马斯亮蓝染色法 …… 22

三、BCA法 …… 23

四、紫外分光光度测定法 …… 24

实验五　凝胶层析分离血红蛋白和鱼精蛋白 …… 25

实验六　SDS-聚丙烯酰胺凝胶电泳法测定蛋白质分子量 …… 27

实验七　氨基酸的薄层层析 …… 32

实验八　核酸的定量测定 …… 34

一、紫外吸收法 …… 34

二、DNA的定量测定——二苯胺法 …… 35

三、RNA的定量测定——地衣酚法 …… 36

实验九　酵母RNA的提取及组分的鉴定 …… 37

实验十　核酸的琼脂糖凝胶电泳 …… 38

一、DNA的琼脂糖凝胶电泳 …… 38

二、RNA的甲醛变性凝胶电泳 …… 40
实验十一　影响酶活性的因素 …… 42
一、温度对酶活性的影响 …… 42
二、pH对酶活性的影响 …… 43
三、激动剂和抑制剂对酶活性的影响 …… 44
实验十二　丙二酸对琥珀酸脱氢酶活性的影响 …… 45
实验十三　酶的米氏常数（K_m）测定 …… 47
一、碱性磷酸酶K_m值的测定（双倒数作图法） …… 47
二、过氧化氢酶K_m值测定（Hanes-Woolf作图法） …… 50
实验十四　乳酸脱氢酶的组分及作用 …… 53
实验十五　血中葡萄糖含量的测定（邻甲苯胺法） …… 54
实验十六　饥饿和饱食对肝糖原含量的影响 …… 56
实验十七　运动对乳酸含量的影响 …… 57
一、运动对血中乳酸含量的影响 …… 58
二、运动对尿乳酸含量的影响 …… 59
实验十八　血清甘油三酯的测定 …… 60
实验十九　血清总胆固醇含量测定 …… 62
实验二十　酮体的生成与定性 …… 64
实验二十一　转氨基作用（圆形纸层析鉴定） …… 65
第四章　综合性实验 …… 70
实验二十二　血清白蛋白、γ球蛋白的分离纯化与鉴定 …… 70
实验二十三　碱性磷酸酶的分离纯化和比活性测定 …… 73
实验二十四　大肠杆菌感受态细胞的制备及转化实验 …… 77
实验二十五　碱裂解法提取质粒DNA …… 78
实验二十六　限制性内切核酸酶对质粒DNA的酶切 …… 80
实验二十七　PCR扩增目的基因及鉴定 …… 81
实验二十八　蛋白质印迹实验 …… 84
主要参考文献 …… 90

第一章　实验须知

生物化学与分子生物学实验是生物化学教学的重要环节。通过实验，学生们可加深对理论内容的理解，学会生物化学与分子生物学实验中的基本操作技能，培养科学和严谨的态度，提高观察问题、分析问题和解决问题的能力，为今后学习医学、生命科学等相关课程打好基础。

一、实验要求

（1）进入实验室应该穿工装或白大褂，不得穿拖鞋，不得在实验室里吃食物，不得嬉戏打闹。

（2）实验前必须预习，明确实验目的、原理、操作关键步骤、注意事项及预期结果，计划好实验时间。

（3）实验操作时应严肃认真，注意观察，如实记录实验过程中出现的现象、数据与结果，并请带教老师当场审核签字。

（4）实验后及时整理总结，根据实验结果进行科学分析，按时书写并提交实验报告。

二、实验报告要求

撰写实验报告是实验的重要环节，如实认真地撰写实验报告是培养学生的科学思维及提高解决问题能力的重要方式。书写报告时应实事求是，字迹清楚、工整，不得用铅笔、红笔书写，杜绝抄袭。其基本内容包括以下几点。

1. 实验目的　通过本次实验应该掌握哪些知识、学会哪些实验技术。

2. 实验原理　即实验依据。可简单扼要地叙述。

3. 实验材料　主要的仪器及试剂。有的实验还需要样品，如血清、动物脏器等。

4. 实验步骤　需要翔实客观地进行操作。实验前应预习，做好时间安排、注明实验中操作的关键环节及防护措施等。可采用表格或流程图来表示。

5. 实验结果　是实验中出现的现象、数据等。要如实记录，并请带教老师审核签字。不能随便进行涂改。对于实验数据，最好归纳整理成各种图表（如标准曲线图、对照与实验组的比较表等）。

6. 分析讨论　是实验报告中最重要的一部分，可以反映学生的专业知识、分析问题和解决问题的能力。分析讨论是对实验结果进行正确的、有依据的、具有逻辑性的分析，如定性实验，通过分析实验结果应该得出简短而恰当的结论。讨论部分还包括如何解释所得结果与预期不一致；对出现的问题提出解决方案；对于实验设计的认识、体会和建议；也可提出自己独特的见解和想法。

三、药品、试剂使用要求

（1）使用药品和试剂时应仔细辨认标签，看清名称与浓度。

（2）取出药品或试剂后，立即盖好瓶塞并将药品或试剂瓶放回原处，瓶塞不要盖错，严防不同药品或试剂间的交叉污染。

（3）使用滴管时，滴管尖端朝下，不可倒置，以免试剂流入橡皮帽。

（4）用吸量管取液体时，应该用洗耳球吸，不能用嘴吸。

（5）称量药品或试剂时，不要将药品或试剂洒落在天平或操作台上，特别是具有强腐蚀性、强毒性的药品或试剂。

四、实验安全注意事项

（1）实验室内禁止吸烟。低沸点有机溶剂如需加热一定要用水浴，易燃易爆试剂的放置和操作都应远离火源。

（2）若遇有烟雾或有毒气体产生的实验，应在通风橱内进行。

（3）若实验室起火，应根据起火性质采取相应措施。例如，有机溶剂着火应采用沙土或石棉布灭火；金属钾、钠着火应用干砂、石墨粉灭火；电线或电器设备等着火，应先切断电源，再用四氯化碳灭火器灭火，禁止使用水或泡沫灭火器来扑灭燃烧的电线或电器。

（4）如遇酸碱灼伤皮肤，应立即用水冲洗，酸灼者再用饱和$NaHCO_3$溶液中和；碱灼者再用饱和H_3BO_3溶液中和；被氧化剂伤害者用$Na_2S_2O_3$处理。严重时需处理后立即送医院救治。

（5）在抓取和固定动物时，要规范操作，确保人员安全。如遇动物咬伤，应及时冲洗伤口，用肥皂清洗，并在患处涂抹碘酒，如伤口较深较大，则应在处理完后去疾控中心打相关预防针。

（6）实验过程使用的生物材料，如微生物、动物组织、细胞培养液、血液、分泌物等都可能存在细菌、病毒感染的潜在危险，因此在处理各种生物材料时必须谨慎小心，做完实验后必须用肥皂、洗涤液或消毒液充分洗净双手。

（7）实验中产生的感染性培养物、菌株、相关生物制品及其他具有感染性的实验废弃物，应按医疗垃圾进行特定处理。

（8）强酸强碱应倒入专用小钵中，用水稀释冲淡后再用流水冲洗，或收集后由相关部门处理。

（9）有毒及有害物不能扔进垃圾箱或倒入水池，应由相关部门收集并做无害化处理。

（10）使用电器设备时不可用湿手操作，严防漏电。

（11）实验结束后，应关好水、电、门、窗、气阀门等才能离开实验室。

五、实验室清洁

（1）实验中所有固体废弃物（棉花、纱布、滤纸、移液吸头、凝胶等）必须丢入垃圾筒中，不可弃于桌上及水池里。

（2）实验完毕，所有公用物品应摆放整齐，清理擦拭干净自己的实验操作台，清洗试管、烧杯等，并倒置放好。

（3）每次实验结束，由值日小组轮流负责打扫当天实验室的卫生及安全检查。

第二章　常用实验技术和方法

一、实验对照的设置

科学研究中的对照是指对受试对象不施加实验因素或施加实验因素之前的状态。在生物化学实验中，正确地设置对照是认识事物的重要方法（即有比较才有鉴别），有时还是实验成败的关键。设置对照的基本要求是实验组与对照组除处理因素不同外，其他条件应尽量保持一致，即保持实验条件的均衡性或齐同条件对比的原则。设置对照的方式依不同的实验而异，本书中常出现的对照有下列四种类型。

（一）空白对照

空白对照是指在不加任何处理的“空白”条件下进行观察的对照。比色分析中，测定液中的许多试剂及其溶剂也可能有一定的吸光性，比色杯对光也有吸收、反射、散射等作用而影响透光。因此，用测定液所测得的吸光度是上述这些因素和被测物质吸光度的总结果，但凭此无法得出被测物的吸光度，若设一空白管，其比色杯和试剂、溶剂等与测定管完全相同，测出其吸光度后，测定管吸光度与空白管吸光度之差就是被测物的吸光度。实际工作中，直接用空白管调节仪器零点的意义即在此，因此，设置空白对照是实验中的重要手段。

（二）标准对照

标准对照是指以标准值或正常值作为对照，以及在所谓的标准条件下进行观察的对照。例如，比色分析中的标准管，用已知浓度的标准液，与测定管在同样条件下进行处理，然后测其吸光度，依比尔定律进行计算（或查标准曲线），得出测定管中物质的浓度。圆形纸层析法鉴定转氨基的实验中，测定液有2个色斑，其R_f值不一，各斑是什么物质，必须借助在同样条件下已知氨基酸的R_f值进行鉴定。这些标准品就是对被测物进行定量定性的对照。

（三）自身对照

自身对照指对照组和实验组都在同一研究对象上进行，不另设对照。自身对照方法简便，关键是看清实验处理前后现象变化的差异。实验处理前的对象状况为对照组，实验处理后的对象变化为实验组。例如，“运动对乳酸含量的影响”的实验，若只测定受试者运动之后的乳酸含量，就无法说明运动后乳酸的含量是升高还是降低，因而必须在运动之前就先测血或尿中的乳酸含量，作为对照，再测定运动后的乳酸含量，并与运动前进行比较，就可以知道运动对乳酸含量的影响了。对照和实验都在同一个体上进行，属于自身对照。

（四）相互对照

相互对照是指不单独设对照组，而是几个实验组相互对比对照，其中每一组既是实验组也是其他级别的对照组，由此得出相应的实验结论。例如，在“温度对酶活性的影响”实验中，4支试管所加的试剂完全相同，仅是各管所置的温度不同，而致反应的结果不同，其中任何一管都是其他3管的对照，反之，任何3管也是某一管的对照，将这些结果相互对照、相互比较才能得出酶活性与温度的关系。

二、吸量管的种类及使用

吸量管是用来精确转移一定体积溶液的量器。吸量管是生物化学实验中最常用的仪器之一，实验数据测定的准确度与吸量管的正确选择和使用密切相关。实验中最常用的是刻度吸量管和微量移液器两种。

（一）刻度吸量管

刻度吸量管可量取10ml、5ml、2ml、1ml、0.5ml的液体。其一般刻度包括尖端部分，如吸管上端标有“吹”或“快”字样时，在将所量液体全部放出后，还需要用洗耳球将管尖的残留液体吹出；如未标“吹”或“快”字样的吸管，则不必吹出管尖的残留液体。

使用吸量管时，中指和拇指拿住吸管上端，食指（示指）置吸管上端开口处，吸管保持垂直，用洗耳球将液体吸入管内，眼睛看着液面上升，吸完后用食指封住吸管上端开口处，慢慢移动食指，使液面下降到所需体积的刻度处后再次将开口封住，此时液体凹面与刻度线、视线应在同一水平面上，将吸管移入盛器中，使吸管尖端出口与盛器壁呈一定角度，放开食指，使吸管中的液体慢慢流入盛器中。

（二）移液器

移液器有不同规格，规格不同的移液器配有专门的聚丙烯塑料吸头，吸头通常是一次性的，在无菌实验使用前，吸头还需高压灭菌。常用的移液器有1000μl、200μl、20μl、10μl、5μl等规格。图2-1为移液器的结构及持法。

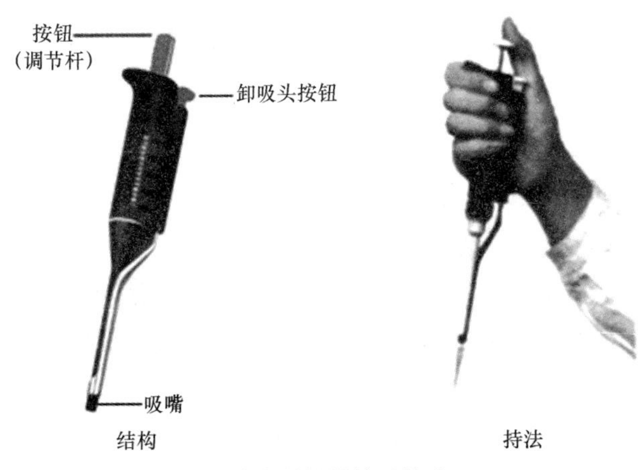

图2-1　移液器的结构及持法

1. 移液器的使用方法

（1）转动移液器调节旋钮或数字设定按钮设定取液值。在调整旋钮时，不要用力过猛，并应注意微量移液器显示的数值不应该超过其可调范围，如取液量超过微量移液器的可调范围，则应更换微量移液器。

（2）吸液（注意下按深度）

1）选择吸头放在移液器套筒上，稍加压力使之与套筒之间无空气间隙（漏气会导致吸液不准确）。

2）把按钮压至第一停点（图2-2A），竖直握持移液器，使吸头浸入液面下一定深度，缓慢平稳地松开按钮，吸入液体（图2-2B）。

（3）放液（注意下按深度）

1）将移液器吸头口贴到容器内壁下部并保持倾斜，这样可以避免因水张力堵住管口，平稳地把移液器按钮压到第一停点（图2-2C），再把移液器按钮压到第二停点以排出剩余液体（图2-2D）。

2）压住移液器按钮，同时提起移液器，使吸头贴容器壁擦过。松开按钮（图2-2E），按卸吸头按钮除去吸头，将移液器放回移液器架。

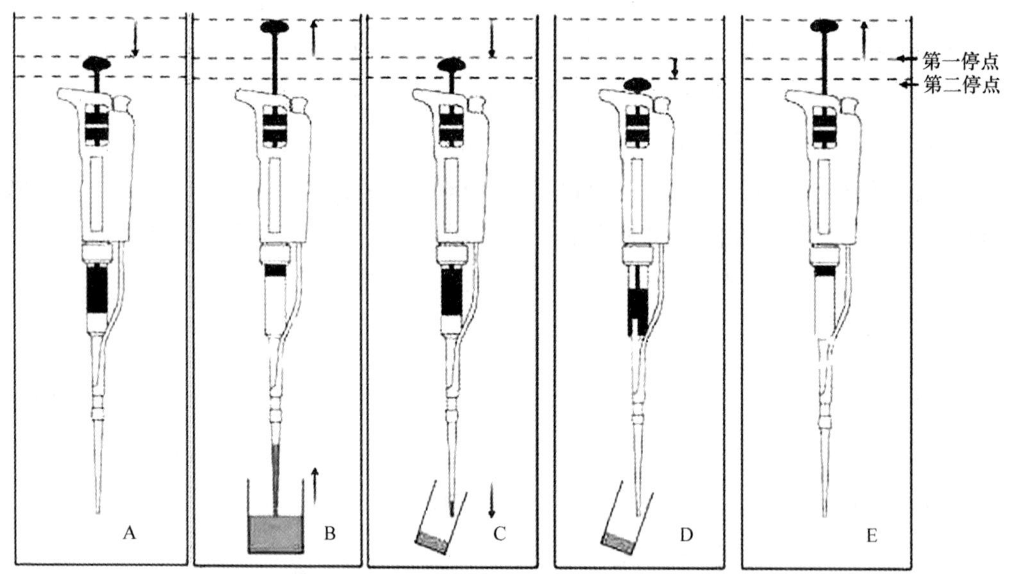

图2-2 移液器的操作方法示意图

2. 移液器的使用注意事项

（1）吸取液体时一定要缓慢平稳地松开拇指，绝不允许突然松开，以防溶液吸入过快而冲入取液器内腐蚀柱塞，造成漏气。

（2）为获得较高的精度，吸头需预先吸取一次样品溶液，然后再正式移液，因为吸取血清蛋白质溶液或有机溶剂时，吸头内壁会残留一层“液膜”，造成排液量偏小而产生误差。

（3）吸取浓度和黏度大的液体时，会产生误差，为消除其误差的补偿量，可由试验确定，补偿量可用调节旋钮改变读数窗的读数来进行设定。

（4）注意不要接触会损害吸嘴的硝酸或硫酸溶液，吸取过冷、过热的样品时，应使吸头温度与样品温度接近，以免样品热胀冷缩。

（5）移液器不能高压消毒，但吸头可以。

三、离心技术

（一）离心法的原理

离心技术是分离物质的一个重要手段。其是利用混合溶液中不同颗粒的密度的差异，用旋转所产生的离心力使这些颗粒发生沉降而将其分离、浓缩、提纯和鉴定的一种方法。离心机就是专用于离心的仪器。一般用转速或离心力表示离心机运行的速度。转速指转头每分钟旋转的圈数，通常用n表示，单位为rpm（revolutions per minute）或r/min（转/分）。离心力常用地球引力的倍数表示，又称为相对离心力（relative centrifugal force，RCF），通常用重力加速度（g）的倍数表示。离心力的大小取决于离心转头的角速度和颗粒距离心轴的距离。离心力和离心转速的换算公式为

$$RCF=1.118\times10^{-5}\times n^2\times r$$

式中，RCF表示相对离心力，单位为g；n表示转速，单位为rpm；r表示离心半径，单位为cm。只要RCF值不变，一个样品可以在不同半径的离心机上获得相同的离心结果。

（二）离心法的分类

1. 平衡离心法　根据粒子大小、形状的不同进行分离，包括差速离心法和速率区带离心法。

2. 等密度离心法　又称等比重离心法，依据粒子密度差进行分离，等密度离心法和上述的速率区带离心法合称为密度梯度离心法。

3. 经典式沉降平衡离心法　用于测定生物大分子的分子量、估计纯度及观察构象变化等。

（三）离心机

离心机是利用离心力将悬浮液中的微粒从溶液中分离出来的一种仪器。根据转速不同可将离心机分为低速离心机（转速在6000r/min以下）、高速离心机（转速低于25 000r/min）、超速离心机（转速在30 000r/min以上）。根据温度控制不同，可将离心机分为冷冻离心机和普通离心机。冷冻离心机带有制冷系统，可以控制温度最低至–20℃，普通离心机不带制冷系统。现简要叙述普通离心机的使用方法。

1. 普通离心机的使用方法

（1）接通电源，平衡放置离心管。

（2）设置离心参数：调节速度设置按钮，设定所需离心速度，但最高不得超过最大转速；按“分/秒”选择按钮，设置离心时间。

（3）盖上离心机，按“start”键开始离心；如发现有不平衡或其他异常情况，按“stop”键立即停止离心。

（4）使用完毕，擦干离心机，打开盖子，做好使用记录。

2. 使用离心机的注意事项

（1）平衡：将一对离心管放入一对套管中，置于天平两侧，用滴管向较轻一侧的离心管与套管之间滴水至两侧平衡。

（2）对称：将已平衡好的一对套管置于离心机中的对称位置。

（3）离心机的启动、停止都要慢，否则离心管易破碎或液体从离心管中溅出。

（4）离心过程中，若听到特殊响声，应立即停止离心，检查离心管。若离心管已碎，应清除并更换新管。若管未碎，应重新平衡。

四、分光光度技术

（一）分光光度法原理

分光光度法是利用物质特有的吸收光谱，对物质进行鉴定并测定其含量的方法。光是由光子组成的，光线就是高速向前运动的光子流，光的本质是一种电磁波，其传播过程呈波动性，具有波长和频率的特征。人的肉眼可见的光线称为可见光，波长范围为400～760nm，波长小于400nm的光线称为紫外光，波长大于760nm的光线称为红外光。可见光区的电磁波因波长不同而呈现不同的颜色，这些不同颜色的电磁波称为单色光。

一切物质都会对某些波长的光进行选择性的吸收，有色溶液之所以呈现不同颜色，就是这种对光的选择性吸收所致。物质的吸收光谱与它们本身的分子结构有关，不同物质由于分子结构不同，对不同波长光线的吸收能力也不同。每种物质都具有特异的吸收光谱，在一定条件下，其吸收程度与该物质的浓度成正比。分光光度法依据的原理是Lambert-Beer定律。

1. Lambert定律　当一束单色光垂直通过一均匀溶液时，一部分光会被溶液吸收，剩余的光会透过溶液，光的强度会减弱。假设：入射光强度为I_0，溶液厚度为L，出射光即透过光强度为I，则I/I_0表示光线透过溶液的程度，称为透光度（T）。若溶液的浓度不变，则透过溶液的厚度越大，光线强度的减弱越显著。

$$\lg I_0/I=k_1L$$

式中，k_1为常数；L为溶液的厚度。

2. Beer定律　当一束单色光通过溶液介质时，若溶液的厚度不变而浓度不同时，溶液的浓度越大，则光吸收越大，透过光的强度越弱。

$$\lg I_0/I=k_2c$$

式中，k_2为常数；c为溶液的浓度。

3. Lambert-Beer定律　将上述两公式合并，则

$$\lg I_0/I=kcL$$

因$T=I/I_0$，故$-\lg T=\lg I_0/I$，令$A=\lg I_0/I$，则

$$A=-\lg T=kcL$$

式中，T为透光度；A为吸光度；k为常数（消光系数，表示物质对光线的吸收能力，与物质种类和光线波长有关，相同物质和相同波长的单色光消光系数不变）。

4. Lambert-Beer定律的应用

（1）用标准管计算待测液含量：用一已知浓度的标准液和一未知浓度的待测液同样处理显色，读取吸光度，就可得到下列算式。

$$A_{标}=kc_{标}L，A_{样}=kc_{样}L$$

由于是同一物质及相同溶液厚度，故k、L相同，将两算式合并，可得

$$A_{样}/A_{标}=c_{样}/c_{标}$$

式中，$c_{标}$为标准液浓度；$A_{标}$为标准液吸光度；$c_{样}$为待测液浓度；$A_{样}$为待测液吸光度。

因此，如果已知标准液的浓度、吸光度与待测液的吸光度，就可以按此公式算出待测液的浓度。

（2）用标准曲线进行换算：先配制一系列不同浓度的标准溶液，按与测定管相同的方法处理显色，在最大吸收波长（λ_{max}）处读取各管吸光度，以各管吸光度A为纵轴，各管溶液浓度为横轴，在坐标纸上作图得标准曲线。以后进行测定时，只要待测液以相同条件在λ_{max}处读取吸光度A，就可从标准曲线上查得该待测液的相应浓度。

标准曲线范围选择在待测物浓度的0.5～2倍较好，并使吸光度在0.05～1.00为宜，所做标准曲线仅供短期使用。标准曲线制作与待测液测定应在同一台仪器上进行，有时尽管型号相同，操作条件完全一样，但因不是同一台仪器，其结果会有一定误差。

（二）分光光度计结构

1. 光源　有钨灯和氘灯，前者适用于340～900nm波长范围，后者适用于200～360nm的紫外光区。光源的供电常需由稳压电源供给，以保证发出的光线稳定。

2. 单色器　是将混合光波分解为单一波长光的装置，多用棱镜或光栅作为色散元件，通过色散系统可根据需要选择一定波长范围的单色光。单色光波长范围越狭，仪器的敏感性越高，测定的结果越可靠。

3. 狭缝　是由一对隔板在光通路上形成的缝隙，通过调节缝隙的大小调节入射光的强度，使入射光形成平行光线，适应检测的需要。

4. 吸收池　即比色杯（比色皿），一般由玻璃或石英制成。在可见光范围内测量时，选用光学玻璃吸收池，在紫外线范围内测量时必须用石英池。

5. 检测系统　由受光器和测量器两部分组成，常用的受光器有光电池、真空光电管或光电倍增管等。它们可将接收到的光能转变为电能，并应用放大装置将弱电流放大，提高敏感度，通过电流计显示出电流的大小，从仪表上直接读得A值、T值。

（三）常用的分光光度计

现在实验室常用的有721型分光光度计和722型分光光度计。

1. 721型分光光度计 波长范围为300～1000nm，采用平面全息光栅，具有较高的波长精度，显示方式为T、A数字直读。其操作方法如下所示。

（1）使用前首先通上电源，打开样品室盖板，使仪器预热20min。

（2）预热完毕后，用波长旋钮将波长调到所需值。

（3）将比色杯分别装入空白液、标准液和待测液，液体体积为比色杯容积的2/3，用滤纸将比色杯外壁上的液体蘸干，以免影响读数。

（4）将各比色杯放入暗箱中的比色杯槽，先将空白液置于第一槽中，对准光路，盖上盖板，按下仪表盘右侧的“方式”按钮，使仪表盘上的红点对准“T”，按“100”按钮，使其自动调节至100，待仪表盘上出现“100.0”后，再按“方式”按钮，使红点对准“A”，此时仪表盘上显示“.000”，说明此时空白液的A已经自动调节为0。

（5）将比色杯架依次拉出，使标准液和待测液分别进入光路，读记A值。

（6）当第一批液体测完后，空白液仍放在第一槽不变，换盛其他各比色杯中的液体时，先用待测液体润洗，再倒入比色杯中测定，再次关上盖板测定时需重新调零，直至所有样品全部测完。

2. 722型分光光度计 波长范围300～1000nm，操作方法如下所示。

（1）检查旋钮，使选择钮指向透光度“T”，灵敏度钮至1档（此时放大倍率最小）。

（2）接通电源，打开检测室盖（此时光门自动关闭），开启电源开关，指示灯亮，预热20min。

（3）调节波长旋钮至所需波长。

（4）比色杯分别盛装空白液、标准液和待测液，依次放入检测室比色杯架内，使空白液对准光路。

（5）打开检测室盖，调节“0”旋钮，使数字显示为“0.00”，盖上检测室盖（光门打开），调节透过率“100”旋钮，使数字显示为“100.0”，重复数次，直至达到稳定。

（6）吸光度A的测量：选择钮拨向“A”，显示为“.000”。如果不是此值，可调节消光零旋钮，使其达到要求。再移动拉杆，使标准液和待测液分别置于光路，读取A值。然后再使空白液对准光路，如A值仍为“.000”，则以上标准液与待测液读数有效。

（7）打开检测室盖，取出比色杯，倾去比色液，用水冲洗干净，倒置于铺有滤纸的平皿中。

（8）浓度c的测定：选择开关由“A”旋至“C”，将已标定浓度的标准液放入光路，调节浓度旋钮，使数字显示为标定值，再将待测液放入光路，即可读出待测液的浓度值。

（9）关闭电源开关，拔去电源插头，取出比色杯架，检查检测室内是否有液体溅出并擦净。

（10）检测室内放入干硅胶袋，盖上盖之后套上仪器布罩。

（四）注意事项

（1）仪器须安装在稳固的工作台上，不可随意搬动。严防震动、潮湿和强光直射。

（2）手持比色杯的毛面（粗糙面），不可用滤纸等摩擦比色杯的透光面。

（3）比色杯先用蒸馏水冲洗后，再用比色液润洗，之后才能装比色液。盛装比色液时，约达比色杯2/3的容积，不宜过多或过少。若不慎使溶液流至比色杯外，须用棉花或擦镜纸吸干，才能放入比色架。拉比色杆时要轻，以防溶液溅出，腐蚀机件。

（4）比色杯用后应立即用自来水冲洗干净。若不能洗净，用5%中性皂溶液或洗洁精稀溶液浸泡，也可用新鲜配制的重铬酸钾洗液短时间浸泡，然后用水冲净倒置晾干。

（5）每套分光光度计上的比色杯和比色架不得随意更换。

（6）试管架或试剂瓶不得放置于仪器上，以防试剂溅出腐蚀机壳。

（7）若不慎将试剂溅在仪器上，应立即用棉花或纱布擦干净。

（8）测定溶液浓度的吸光度值为0.1～0.7最符合光吸收定律，且线性好、读数误差较小，如吸光度不在0.1～1.0，可适当稀释或加浓比色液，再进行比色。

（9）盖上检测室盖连续工作的时间不宜过长，每次读完比色架内的一组读数后，立即打开检测室盖，以防光电管疲乏。

（10）仪器连续使用不应超过2h，必要时可间歇0.5h再用。

（11）仪器用完之后，须切断电源，套上干净的布罩。

（12）若仪器较长时间不使用，应定期通电，使用前预热。

（13）722型分光光度计的左侧下角有一干燥剂筒，检测室内放硅胶袋，应经常检查，若发现硅胶变色，应更换新硅胶或烘干再用。

五、电泳技术

电泳是指带电颗粒在电场作用下，向着其所带电荷的相反电极移动的现象。许多生物分子都带有电荷，其电荷的多少取决于分子性质及其所在介质的pH。由于混合物中各组分所带电荷性质、电荷数量及分子量的不同，在同一电场的作用下，各组分泳动的方向和速度也各异。因此，在一定时间内，根据各组分移动距离的不同，可达到分离、鉴定与纯化各组分的目的。

（一）电泳的基本原理

一个带电颗粒在电场中所受的力有两种，即电场作用力（F）和流体黏性阻力（f）。电场作用力F的大小取决于颗粒所带电荷量q和电场强度E。

$$F=qE \tag{2-1}$$

由于电场力的作用，带电颗粒向一定方向泳动。在溶液中运动的颗粒受到的流体黏性阻力与电场力的方向相反。根据斯托克斯（Stokes）理论，球形颗粒的黏性阻力为

$$f=6\pi r\eta v \tag{2-2}$$

式中，r为球形颗粒半径；η为介质黏度；v为颗粒泳动速度。

当颗粒运动达到动态平衡时，$F=f$，所以有

$$v=qE/6\pi r\eta \tag{2-3}$$

或

$$v=mE \tag{2-4}$$

式中，v为达到匀速泳动时的电泳速度，简称电泳速度；m为电泳迁移率，即单位电场强度下的电泳速度。

由式（2-3）可知，性质不同的带电颗粒的电泳速度是不同的。这就是电泳分离的基本原理。

在具体电泳实验中，速度可用单位时间内移动的距离d（cm）来表示。

即

$$v=d/t \tag{2-5}$$

由于电场强度为

$$E=U/l \tag{2-6}$$

式中，U为加在两极的电压（V）；l为两极间的距离（cm）。

所以，根据式（2-1）～式（2-6），可得颗粒的电泳迁移率为

$$m=dl/Ut \tag{2-7}$$

（二）影响电泳迁移率的因素

1. 颗粒性质 颗粒大小、形状及所带静电荷的多少对电泳迁移率影响很大。一般来说，颗粒所带静电荷越多，粒子越小而且是球形，电泳迁移率就越大。

2. 电场强度 指单位长度的电势差，即电势梯度。电场强度与电泳速度成正比关系，电场强度越高，带电颗粒的迁移速度就越快。

3. 电泳介质的pH 溶液的pH决定带电颗粒的解离程度。任何一种两性物质的混合物的电泳均受介质pH的影响，即决定两性物质的带电状态及电量。为了保护介质pH的稳定性，常用一定pH的缓冲液，如分离血清蛋白质常用pH为8.6的巴比妥缓冲液。

4. 缓冲液的离子强度 离子强度代表所有类型的离子所产生的静电力，它取决于离子电荷的总数。若离子强度过高，带电离子能把溶液中与其电荷相反的离子吸引在自己周围，形成离子扩散层，导致颗粒所带净电荷量减少，电泳速度降低。常用离子强度为0.02～0.2。

5. 电渗 当支持介质不是绝对惰性物质时，支持介质可能会存在一些带电基团，这些基团电离后会使支持介质表面带电，吸附一些带相反电荷的离子，在电场的作用下向电极方向移动，形成介质表面溶液的流动，这种现象称为电渗。如果待分离物质泳动的

方向与电渗方向一致，则泳动速度加快；如果相反，则泳动速度降低。为避免电渗现象，应尽量选择电渗作用小的支持物。

（三）区带电泳的分类

样品物质在一惰性支持物上进行电泳，样品的不同组分可形成带状的区间，称为区带电泳。采用不同类型的支持物进行区带电泳时，能分离鉴定小分子物质（氨基酸、核苷酸等）和大分子物质（蛋白质、核酸等）。区带电泳一般有以下几种分类。

1. 按支持物的物理性质不同分类　①滤纸电泳及其他纤维电泳，如醋酸纤维膜、玻璃纤维膜等。②粉末电泳，如纤维素粉、淀粉等。③凝胶电泳，如琼脂糖、聚丙烯酰胺等凝胶电泳。

2. 按支持物的装置形式不同分类　①水平板式电泳：支持物水平放置，如核酸类物质的分离，常使用水平电泳。②垂直柱式电泳：支持物垂直放置，聚丙烯酰胺凝胶圆盘电泳即属于此类，使用垂直圆盘电泳槽。③垂直板式电泳：主要用于分离蛋白质、酶等生物大分子，使用的是垂直板式电泳槽。

3. 按pH的连续性不同分类　①连续pH电泳：整个电泳过程中pH保持不变，多数电泳都属于此类。②非连续pH电泳：缓冲液和支持物间有不同的pH，如等电聚焦电泳。

六、层析技术

层析（又称为色谱）技术是一种应用很广的分离分析方法，是根据待分离物质固有不同结构和不同物理、化学特性，从而具有不同吸附性能的原理，分离混合物中不同化学成分的一种物理化学分离方法。

（一）层析的基本理论

层析系统由两相组成，即固定相和流动相。固定相是层析的一个基质，它可以是固体物质（如吸附剂、凝胶、离子交换剂等），也可以是液体物质（如固定在硅胶或纤维素上的溶液）。流动相可以是液体或气体，它推动固定相上待分离的物质朝着一个方向移动。液–液分配层析的塔板理论是层析技术的理论基础。由于混合物中各组分的分子形态、大小、极性及分子亲和力等理化性质不同，当它们流经处于相互接触的两相时，不同的物质在两相中的分布就会不同。在层析分离过程中，流动相起运载作用，固定相起阻滞作用，不同物质根据其在两相中的分配系数进行分配。分配系数用K表示。

$$K=\text{溶质在固定相的浓度}/\text{溶质在流动相中的浓度}=c_s/c_m\text{。}$$

K值越大，表示某种物质牢固地吸附在固定相中，在固定相中的停留时间越长，而在流动相中迁移的速度越慢，溶质出现在流动相中的时间越晚。反之，K值越小，则溶质出现在洗脱液中越早。混合物在各组分K值的不同是各组分得以分离的原因。不同类型的层析，K值的含义也不同。吸附层析中K为吸收平衡系数；分配层析中K为分配系数；离子交换层析中K为交换系数；在亲和层析中K为亲和常数。

（二）层析的分类

实际应用中的层析技术有多种。根据分离的原理不同可分为吸附层析、分配层析、离子交换层析、凝胶层析和亲和层析，见表2-1。按照操作方式的不同，可分为纸层析、薄层层析和柱层析，见表2-2。

表2-1 层析分类（按原理不同分类）

名称	分离原理
吸附层析	以吸附剂为支持物，各组分在吸附剂表面的吸附能力不同
分配层析	各组分在流动相和固定相中的分配系数不同
离子交换层析	固定相是离子交换剂，各组分与离子交换剂的亲和力不同
凝胶层析	固定相是多孔凝胶，各组分的分子大小不同，因而在凝胶上受阻滞的程度不同
亲和层析	固定相只能与一种待分离组分特异结合，因此与无亲和力的其他组分分离

表2-2 层析分类（按操作方式不同分类）

名称	操作方式
纸层析	以滤纸为液体的载体，点样后用流动相展开，以达到组分分离的目的
薄层层析	将一定颗粒度的不溶性物质均匀涂铺在板上形成薄层，作为固定相，点样后用流动相展开，使组分得以分离
柱层析	将固定相装填在柱中，样品在柱子一端上样，流动相沿柱流过，使样品得以分离

【思考题】

1. 常用的对照实验有哪些类型？设置对照的原则是什么？

2. 使用吸量管及移液器时有哪些注意事项？

3. 使用离心机时应强调什么？

4. 分光光度法的原理依据的是什么定律？

5. 如何用标准曲线法及标准管法测定物质含量？

6. 使用分光光度计时应注意什么？

7. 影响电泳的主要因素有哪些？

8. 层析可分为哪几类？

第三章　基本实验项目

实验一　蛋白质的沉淀反应

【实验目的】

（1）学习中性盐类、某些有机溶剂、重金属盐及生物碱试剂沉淀蛋白质的原理。

（2）学习离心机的使用。

【实验原理】

蛋白质是生物大分子，其分子大小符合胶体颗粒的大小（1～100nm），且其表面多为亲水基团，因此具有亲水胶体的特性。维持蛋白质胶体稳定的因素有两个，即水化膜和电荷。当这两种稳定因素遭到破坏时，蛋白质分子颗粒就会发生聚集沉淀和析出。能破坏上述稳定因素而使蛋白质沉淀的化学物质有中性盐类、有机溶剂、重金属盐及生物碱试剂等。

不同因素引起蛋白质颗粒沉淀的原理不尽相同。例如，$(NH_4)_2SO_4$等中性盐类达到一定浓度时，可争夺溶液中蛋白质分子表面水化膜中的水分子，并中和蛋白质表面的电荷，从而使蛋白质从溶液中析出。乙醇、丙酮等有机溶剂能使蛋白质脱水，降低其在溶液中的稳定性，在溶液pH接近等电点时可使蛋白质沉淀；有机溶剂分离蛋白质应在0～4℃下进行，并尽快分离沉淀物，否则蛋白质易变性。重金属离子沉淀蛋白质是因为蛋白质分子在碱性条件下带负电荷，易与带正电荷的重金属离子（如Hg^{2+}、Pb^{2+}、Cu^{2+}、Ag^{+}等）结合生成不溶于水的盐类而沉淀；某些有机酸沉淀蛋白质是因为在酸性条件下，蛋白质分子带正电荷，能与有机酸根结合，形成不溶性蛋白质而沉淀。

【实验材料】

1. 样品　1∶20的鸡蛋清：取鸡蛋清，按1∶20的比例加入去离子水，搅拌均匀，用6层纱布过滤后，4℃保存。

2. 试剂

（1）饱和$(NH_4)_2SO_4$溶液：取$(NH_4)_2SO_4$ 850g，加入1000ml去离子水，70～80℃搅拌溶解，室温放置过夜，上清液即为饱和硫酸铵溶液。

（2）95%乙醇溶液：95ml无水乙醇中加入5ml去离子水。

（3）3%硝酸银溶液：取3g硝酸银，用去离子水定容到100ml，放入棕色玻璃瓶中，4℃避光保存。

（4）0.5%硝酸铅溶液：取0.5g硝酸铅，加入0.5ml硝酸，然后用去离子水定容到100ml（注：酸性溶液才能防止氢氧化铅沉淀）。

（5）苦味酸饱和溶液：取2g苦味酸放入100ml沸水中，搅拌溶解后冷却到室温（注：1g苦味酸可溶于78ml常温水或者15ml沸水）。

（6）鞣酸饱和溶液：取1g鞣酸，加入1ml无水乙醇溶解，用去离子水定容到100ml。

（7）20%磺基水杨酸溶液：取20g磺基水杨酸，用去离子水定容到100ml。

（8）5%三氯乙酸溶液：取5g三氯乙酸，用去离子水定容到100ml，4℃避光保存。

（9）1%乙酸溶液：取1ml冰醋酸，用去离子水定容到100ml。

（10）固体硫酸铵。

3. 器材 玻璃小试管，胶头滴管，移液管，玻璃棒，离心机等。

【实验步骤】

1. 盐析沉淀蛋白质

（1）取小试管1支，鸡蛋清溶液2.5ml，并加等量的饱和$(NH_4)_2SO_4$溶液，摇匀，静置数分钟，有蛋白质沉淀析出（它应是哪种蛋白质？）。然后，以2000r/min离心5min。

（2）将上述离心后的上清液倾入另一个小试管中，慢慢加入$(NH_4)_2SO_4$粉末，每加一次用细玻棒充分搅拌，直至粉末不再溶解，此时可见蛋白质析出（它应是哪种蛋白质？）。以2000r/min离心10min，去除上清液。

（3）将上述两次沉淀析出的蛋白质，分别加入1.0ml蒸馏水，观察沉淀是否溶解。

2. 乙醇、重金属盐、有机酸及生物碱试剂沉淀蛋白质

（1）取7支小试管按表3-1操作。

表3-1　乙醇、重金属盐、有机酸及生物碱试剂沉淀蛋白质操作步骤（滴）

加入物	1号管	2号管	3号管	4号管	5号管	6号管	7号管
1：20的鸡蛋清溶液	20	20	20	20	20	20	20
95%乙醇溶液	20	—	—	—	—	—	—
3%硝酸银溶液	—	5	—	—	—	—	—
0.5%硝酸铅溶液	—	—	5	—	—	—	—
苦味酸饱和溶液	—	—	—	2	—	—	—
鞣酸饱和溶液	—	—	—	—	2	—	—
20%磺基水杨酸溶液	—	—	—	—	—	2	—
5%三氯乙酸溶液	—	—	—	—	—	—	2
1%乙酸溶液	1	—	—	1	1	1	—

（2）观察并记录实验结果。

【注意事项】

硝酸银、硝酸铅、苦味酸有一定毒性，实验操作中要注意不要直接接触；一旦接触，立即用清水冲洗，并涂抹鸡蛋清溶液。实验结束后试剂应统一回收，避免直接冲入下水道而污染水源和环境。

【思考题】

1. 沉淀的蛋白质是否发生了变性？变性的蛋白质是否一定会沉淀？沉淀的蛋白再次溶解到溶液中，这种沉淀的蛋白质有没有变性？

2. 引起蛋白质沉淀的因素有哪些？

3. 举例说明蛋白质变性作用在医学上的应用。

实验二　蛋白质的两性反应和等电点测定

【实验目的】

（1）掌握蛋白质的两性解离性质及pI的概念。

（2）学习测定蛋白质等电点的方法。

【实验原理】

蛋白质是由氨基酸通过缩合反应而形成的，组成氨基酸的侧链R基团上具有$—NH_2$和—COOH基团，因此，如同氨基酸一样，蛋白质也有两性解离性质。若调节溶液的pH，使蛋白质分子中所带的正负电荷相等，此时溶液的pH称为该蛋白质的等电点（pI）。若溶液的pH大于该蛋白质的pI，蛋白质分子释放出H^+而带负电荷；若溶液的pH小于该蛋白质的pI，蛋白质分子结合H^+而带正电荷。

不同的蛋白质，其氨基酸残基的种类及数量各不相同，故在不同pH溶液中所带的电荷也各不相同，所以不同的蛋白质具有不同的等电点。

蛋白质在等电点时，净电荷为零，溶解度最小，容易聚沉。本实验使蛋白质处于不同pH的溶液中，观察各管沉淀情况，判断蛋白质的等电点。

【实验材料】

1. 试剂

（1）0.5%酪蛋白溶液：取0.5g酪蛋白放入研钵中，用少量蒸馏水湿润后，慢慢加入0.2mol/L NaOH 2ml，充分研磨，用蒸馏水洗入烧杯中（约90ml蒸馏水），放入水浴中煮沸15min，溶解后冷却，定容至100ml，保存于4℃冰箱内。

（2）0.01%溴钾酚绿指示剂：取0.01g溴甲酚绿，溶于乙醇（95%），用乙醇（95%）稀释至100ml。溴钾酚绿变色的pH范围是3.8～5.4，指示剂酸色型为黄色，碱色型为蓝色。

（3）0.02mol/L HCl：取0.167ml浓盐酸，用去离子水定容到100ml（注：新开封的浓盐酸浓度约为12mol/L）。

（4）0.02mol/L NaOH：取0.08g NaOH，加入到100ml去离子水中。

（5）0.01mol/L乙酸：取58.8μl冰醋酸，用去离子水稀释到100ml。

（6）0.10mol/L乙酸：取588μl冰醋酸，用去离子水稀释到100ml。

（7）1.00mol/L乙酸：取5.88ml冰醋酸，用去离子水稀释到100ml。

（8）0.5%酪蛋白-乙酸钠溶液：取0.5g酪蛋白，加少量的去离子水，研钵仔细研磨后，用去离子水洗入200ml烧杯中，加去离子水至约80ml，再加入12ml 1mol/L的乙酸钠溶液，在50℃水浴中搅拌直至溶解，冷却至室温后，用去离子水定容至100ml。

2. 器材 玻璃小试管，胶头滴管，移液器等。

【实验步骤】

1. 蛋白质的两性反应 取试管1支，加0.5%酪蛋白溶液20滴，然后按表3-2逐项加入试剂不断摇匀，同时观察并记录颜色和沉淀变化情况，逐项做出解释。

表3-2 蛋白质的两性反应操作步骤（滴）

加入物	颜色变化	沉淀及变化	解释结果
0.01% 溴钾酚绿指示剂（5 ～ 7 滴）			
0.02mol/L HCl 逐滴加入			
继续滴加 0.02mol/L HCl			
0.02mol/L NaOH 逐滴加入			
继续滴加 0.02mol/L NaOH			

2. 酪蛋白等电点的测定

（1）取直径相近的干燥试管3支，按表3-3操作。

表3-3 酪蛋白等电点的测定操作步骤（ml）

加入物	1 号管	2 号管	3 号管
蒸馏水	3.4	3.0	2.4
0.01mol/L 乙酸	0.6	—	—
0.10mol/L 乙酸	—	1.0	—
1.00mol/L 乙酸	—	—	1.6
0.5% 酪蛋白 – 乙酸钠溶液	1.0	1.0	1.0
各管相当的 pH	5.9	4.7	3.5

（2）混匀，放置10～20min，观察各管的混浊度（以“-”“+”“++”“+++”符号表示），根据观察结果判断酪蛋白的等电点及各管中酪蛋白所带电荷。

【思考题】

1. 为什么多数蛋白质的pI偏酸性?
2. 蛋白质的两性解离性质和氨基酸的两性解离性质分别是它们的哪些基团赋予的?

实验三　血清蛋白醋酸纤维薄膜电泳

【实验目的】

（1）掌握醋酸纤维薄膜电泳分离蛋白质的原理。

（2）学习电泳仪的使用及分离蛋白质的方法。

【实验原理】

血清中各种蛋白质的等电点大都低于7.0，在pH 8.6的缓冲液中可电离成负离子，在电场中向正极移动。由于血清中各种蛋白质等电点不同，在同一pH下所带电荷量不同，此外各种蛋白质的分子量大小与分子形状也不相同，因而在电场中的泳动速度不同。一般说来，蛋白质分子带的净电荷量越多，分子量越小，分子越接近球形，则泳动速度快，反之则慢，因此可以利用其速度快慢不同将其分开。

本实验以醋酸纤维薄膜为支持物，依上述原理将血清蛋白分离为白蛋白、α_1球蛋白、α_2球蛋白、β球蛋白及γ球蛋白等五个蛋白区带。

【实验材料】

1. 样品　健康人血清。

2. 试剂

（1）巴比妥缓冲液（pH 8.6）：取巴比妥1.66g和巴比妥钠12.76g溶于1000ml蒸馏水中。

（2）氨基黑10B染色液：取1g氨基黑10B粉末、磺基水杨酸10g、冰醋酸20g溶解于400ml蒸馏水。

（3）漂洗液：取乙醇45ml、冰醋酸5ml，溶解于50ml蒸馏水中。

（4）洗脱液（0.4mol/L NaOH）：取16g NaOH溶于1000ml蒸馏水中。

3. 器材　醋酸纤维薄膜条（2cm × 6cm），722型分光光度计，电泳槽，电泳仪，铅笔，镊子，试管，滤纸，X线软片或盖玻片，剪刀，移液管，培养皿等。

【实验步骤】

1. 点样

（1）取醋酸纤维薄膜条（2cm × 6cm），编号，在薄膜无光泽面距一端1.5cm处用铅笔画一条直线，作为点样位置。然后将薄膜浸入pH 8.6的巴比妥缓冲液中。待完全浸透后（指薄膜上无白色斑痕）取出，用滤纸吸去多余缓冲液。

（2）用X线软片或盖玻片蘸新鲜血清，印在点样线上，待血清完全渗入薄膜后移开。

2. 电泳　将点样后的薄膜条置于电泳槽架上，点样面朝下，点样端置于负极，在薄膜两端分别搭上数层纱布或滤纸（2～4层），连接缓冲液。薄膜条与纱布或滤纸需贴紧，平衡约5min后，以膜长电压为10～15V/cm，膜宽电流为0.4～0.6mA/cm，通电约60min。

3. 染色　用镊子将电泳后的薄膜取出，直接浸入盛有氨基黑10B染色液的器皿中，染色5min。

4. 浸洗　将漂洗液盛装于3个培养皿中，将薄膜浸入第一皿，依次转入第二皿、第三皿，在每皿中约浸5min，直到背景无色、区带清晰，最后在清水中浸洗1次，取出晾干，辨认图谱中的各蛋白质区带。

5. 洗脱比色定量

（1）将电泳染色漂洗后的膜条按分离的各种蛋白质区带分别剪下，另取一条与各区带近似宽度的无蛋白质附着的空白薄膜，将各膜分别置于4.0ml 0.4mol/L NaOH溶液中，时时摇动，约30min，使蓝色洗脱。

（2）在波长620nm下测吸光度，以空白管作对照，调吸光度零点，测出各管的吸光度（A），按下述方法计算出血清各部分蛋白质所占的百分含量。

1）先计算吸光度总和（$A_{总}$）。

$$A_{总}=A_{白}+A_{\alpha_1}+A_{\alpha_2}+A_{\beta}+A_{\gamma}$$

2）然后计算各部分蛋白质的百分含量。

$$蛋白质（\%）=A/A_{总}\times 100$$

【注意事项】

（1）保持薄膜洁净，勿用手直接接触薄膜。

（2）将样品点在薄膜毛面，点样量应适宜，样品线保持上下宽窄一致。

（3）电泳时光面朝上，毛面朝下，以防水分蒸发干燥。

【思考题】

1. 简述电泳的分类及其各自的原理。

2. 醋酸纤维薄膜电泳分离人体血清蛋白在临床上有何意义？

3. 影响电泳的基本因素有哪些？

实验四　蛋白质定量实验

一、Folin-酚试剂法（Lowry法）

【实验目的】

（1）学习分光光度计的使用及标准曲线的制作。

（2）掌握Folin-酚试剂法测定蛋白质含量的原理和操作。

【实验原理】

1921年，Folin利用蛋白质分子中酪氨酸和色氨酸的酚羟基可还原酚试剂产生蓝色物质的反应而首创Folin-酚试剂法。1951年，Lowry对此法进行改良，即在样品中先加碱性铜试剂，再加酚试剂进行反应，大大提高了灵敏度。

Folin-酚试剂法包括两步反应：双缩脲反应和Folin-酚显色反应。在碱性溶液中，铜离子（Cu^{2+}）能与双缩脲（biuret）（$H_2N—CO—NH—CO—NH_2$）结合生成紫红色络合物。蛋白质或二肽以上的多肽分子也有多个与双缩脲结构相似的肽键，也可以在碱性条件下与铜离子生成紫红色的蛋白质-Cu^{2+}络合物。Folin-酚试剂在碱性条件下不稳定，其磷钼酸盐-磷钨酸盐被酚类化合物还原，产生深蓝色的钼兰和钨兰的混合物。蛋白质-Cu^{2+}复合物中的酪氨酸或色氨酸残基带有的酚羟基也可以还原酚试剂中的磷钼酸和磷钨酸，生成蓝色化合物。在一定范围内，蓝色深浅度与蛋白质的含量成正比，故可用于样品中蛋白质的含量测定。

该法灵敏度高，测定范围是25～250μg。但较费时，干扰物质较多，对蛋白质的特异性也有影响，即不同的蛋白质所含酪氨酸、色氨酸不同而显色程度有差异。

【实验材料】

1. 样品 血清：准确取血清0.1ml，置于50ml容量瓶中，再加0.9%NaCl溶液至刻度，充分混匀，此为稀释500倍的血清待测样品。

2. 试剂

（1）碱性铜试剂

1）将10g Na_2CO_3、2g NaOH和0.25g酒石酸钾钠溶于500ml蒸馏水中。

2）将0.5g $CuSO_4 \cdot 5H_2O$溶于100ml蒸馏水中。

每次使用前按1）：2）=50：1的比例混合，即为碱性铜试剂（有效期1天）。

（2）酚试剂：在1.5L容积的磨口回流瓶中加入100g钨酸钠（$Na_2WO_4 \cdot 2H_2O$）、25g钼酸钠（$Na_2MoO_4 \cdot 2H_2O$）、700ml蒸馏水、50ml 85%磷酸及100ml浓盐酸，充分混匀后回流10h。回流完毕，再加150g硫酸锂、50ml蒸馏水及数滴液体溴，开口继续沸腾15分钟，以便去除过量的溴，待溶液冷却后定容至1000ml，过滤，若溶液显绿色，可加溴水数滴，氧化至溶液呈淡黄色，然后将溶液置于棕色瓶中，在暗处保存。使用前用标准氢氧化钠溶液滴定，以酚酞为指示剂标定该试剂的酸度，一般为2mol/L左右（由于滤液为浅黄色，滴定时滤液需稀释100倍，以免影响滴定终点的观察）。使用时适当稀释（约1倍），使最后浓度为1mol/L。

（3）蛋白标准溶液：准确称取结晶牛血清白蛋白，溶于0.9%NaCl溶液，配制成250g/ml的标准溶液。

（4）0.9%NaCl溶液。

3. 器材 722型分光光度计，试管，吸量管等。

【实验步骤】

（1）取试管7支，按表3-4操作。

表3-4 Folin-酚试剂法测定蛋白质含量加样表（ml）

加入物	空白管	1 号管	2 号管	3 号管	4 号管	5 号管	样品管
蛋白质标准溶液（250μg/ml）	—	0.2	0.4	0.6	0.8	1.0	—
稀释的血清样品	—	—	—	—	—	—	1.0
0.9%NaCl 溶液	1.0	0.8	0.6	0.4	0.2	—	—
碱性铜试剂	2.5	2.5	2.5	2.5	2.5	2.5	2.5
标准蛋白质含量（μg）	0	50	100	150	200	250	—

（2）加完碱性铜试剂后立即摇匀，室温放置10min。

（3）每管加入0.25ml酚试剂，在2s内迅速混匀，室温放置30min。

（4）以空白管为对照调零，于波长650nm处比色，读取各管吸光度。以各标准管吸光度为纵坐标，标准蛋白质含量为横坐标，制作标准曲线。

【结果与计算】

由样品的吸光度值，对照标准曲线查出蛋白质含量，进一步可根据检测样品的稀释倍数及实际所要求的蛋白质浓度进行换算。本实验将查出的蛋白质含量除以样品体积1.0ml，再乘以稀释倍数500，即为血清蛋白质的浓度。血清蛋白质浓度单位要求为g/L。

【注意事项】

（1）由于酚试剂仅在酸性条件下稳定，当将酚试剂加到碱性铜-蛋白质溶液反应体系中（pH=10）时必须立即摇匀，以便在磷钨酸-磷钼酸试剂被破坏之前即能发生还原反应，否则会使显色程度减弱。

（2）显色会随时间不断加深，因此要精确控制操作时间。以加入碱性铜试剂开始计时，尽量保证每管的反应时间及测定时间一致。

二、考马斯亮蓝染色法

【实验目的】

学习考马斯亮蓝染色法（Bradford法）测定蛋白质含量的原理和方法。

【实验原理】

考马斯亮蓝G-250（Coomassie brilliant blue G-250，简称CBG）在酸性溶液中的游离状态呈红褐色，当其与蛋白质结合后呈蓝色，且最大吸收波长从465nm转变为595nm。在一定浓度范围内，蛋白质的含量与595nm处的吸光度值成正比，故可用于蛋白质的定量。此法显色迅速、稳定，显色后2～60min均可测定，但以5～20min内颜色最稳定。

【实验材料】

1. 样品 血清：准确吸取血清0.1ml于50ml容量瓶中，加0.9%NaCl溶液稀释定容至刻度线，即为稀释500倍的血清待测样品。

2. 试剂

（1）蛋白质标准液（250μg/ml）：称取干燥恒重的结晶小牛血清白蛋白25mg，加0.9%NaCl溶液至100ml。

（2）考马斯亮蓝G-250试剂（CBG试剂）：称取考马斯亮蓝G-250 100mg，加95%乙醇50ml，加85%（*w/v*）$H_3PO_4$100ml，加蒸馏水稀释至1000ml，用两层滤纸过滤，置于棕色瓶中保存。常温可放置1～2个月。

（3）0.9%NaCl溶液。

3. 器材 722型分光光度计，试管，吸量管。

【实验步骤】

（1）取7支干燥洁净的大试管按表3-5操作。

表3-5　考马斯亮蓝染色法测定蛋白质含量加样表（ml）

加入物	空白管	1号管	2号管	3号管	4号管	5号管	样品管
蛋白标准液（250μg/ml）	—	0.1	0.2	0.3	0.4	0.5	—
稀释血清样品	—	—	—	—	—	—	0.1
0.9%NaCl溶液	0.5	0.4	0.3	0.2	0.1	—	0.4
CBG试剂	5.0	5.0	5.0	5.0	5.0	5.0	5.0
标准蛋白含量（μg）	0	25	50	75	100	125	—

（2）上述试剂加完后，立即混匀，室温静置5min。

（3）以空白管调零，在595nm处读取各管的吸光度值。以标准管的A_{595nm}为纵坐标，标准蛋白含量为横坐标，绘制标准曲线。

（4）血清蛋白质浓度的求取同Folin-酚试剂法。

三、BCA法

【实验目的】

掌握BCA法测定蛋白质含量的原理和方法。

【实验原理】

二辛可宁酸（bicinchoninic acid，BCA）与含二价铜离子的硫酸铜等其他试剂混合呈苹果绿，即BCA工作试剂。在碱性环境下，蛋白质与BCA工作试剂中的Cu^{2+}络合并将Cu^{2+}还原成Cu^{+}；之后BCA与Cu^{+}结合形成紫色复合物，在波长562nm处有最大吸收峰值，并且该吸收峰强度与蛋白质浓度成正比，由此可用于蛋白质含量的测定。

BCA法灵敏度高，操作简单，快速，颜色稳定性好，且受干扰物质影响小，蛋白质测定范围是20～200μg/ml，微量BCA测定范围是0.5～10μg/ml，既可用试管做实验，也可在微板孔中进行，故是应用较为广泛的一种蛋白质定量方法。

【实验材料】

1. 样品　血清：准确吸取血清0.1ml于50ml容量瓶中，加0.9%NaCl溶液定容至刻度线，即为稀释500倍的血清待测样品。

2. 试剂

（1）试剂A：1%BCA二钠盐溶液、2%Na_2CO_3溶液、0.16%酒石酸钠溶液、0.4%NaOH溶液、0.95%$NaHCO_3$溶液，混合后调节pH至11.25。

（2）试剂B：4%$CuSO_4 \cdot 5H_2O$。

（3）BCA工作液：将试剂A、B按照50∶1的比例进行混合（即试剂A 100ml+试剂B 2ml），现配现用。

（4）蛋白质标准液（1.5mg/ml）：称取干燥恒重的结晶小牛血清白蛋白150mg，加0.9%NaCl溶液定容至100ml。

3. 器材　722型分光光度计，恒温水浴箱，试管，微量加样器，吸量管等。

【实验步骤】

（1）取9支干燥洁净的试管按表3-6操作。

表3-6　BCA法测定蛋白质含量加样表

加入物	空白管	1号管	2号管	3号管	4号管	5号管	6号管	7号管	样品管
蛋白标准液（1.5mg/ml）（μl）	—	5	10	20	40	60	80	100	—
样品（μl）	—	—	—	—	—	—	—	—	100
蒸馏水（μl）	100	95	90	80	60	40	20	—	—
BCA工作液（ml）	4.9	4.9	4.9	4.9	4.9	4.9	4.9	4.9	4.9
标准蛋白含量（μg）	0	7.5	15	30	60	90	120	150	—

（2）上述试剂加完后，立即混匀，于37℃水浴中保温30min。

（3）以空白管调零，在波长562nm处测定各管吸光度值。以标准管的 A_{562} 为纵坐标，标准蛋白质含量为横坐标，绘制标准曲线。

（4）血清蛋白质浓度的求取同Folin-酚试剂法。

四、紫外分光光度测定法

【实验目的】

（1）掌握紫外分光光度法测定蛋白质的原理。

（2）熟悉紫外分光光度计的使用。

【实验原理】

蛋白分子中酪氨酸和色氨酸残基的苯环含有共轭双键，因此蛋白质具有吸收紫外线的性质，吸收高峰在280nm波长处。在此波长范围内，蛋白质溶液的吸光度值（A_{280}）与其含量成正比关系，可用于定量蛋白质。由于核酸也可吸收紫外线，其最大吸收峰在260nm处，但在280nm波长处也有光吸收，故对蛋白质的测定有干扰作用。因此溶液中存在核酸时必须同时测定280nm及260nm处的光吸收值，方可通过计算测得溶液中的蛋白质浓度。

利用紫外线吸收法测定蛋白质含量的优点是迅速、简便、消耗样品少，低浓度盐类不干扰测定，因此其在蛋白质和酶的生化制备中（特别是在柱色谱分离中）广泛应用。此法的缺点：①对于测定那些与标准蛋白质中酪氨酸和色氨酸含量差异较大的蛋白质，有一定的误差；②若样品中含有嘌呤、嘧啶等吸收紫外线的物质，会出现较大的干扰。不同蛋白质和核酸的紫外吸收是不同的，即使经过校正，测定结果也还会存在一定的误差，但可作为初步定量的依据。

【实验材料】

1. 样品　血清。

2. 试剂　0.9%NaCl溶液。

3. 器材　试管，容量瓶（50ml），752型紫外可见分光光度计，可调移液器或刻度吸量管。

【实验步骤】

1. 样品处理　准确吸取0.1ml血清，用0.9%NaCl溶液定容至50ml，即稀释血清500倍。

2. 吸光度值测定　以0.9%NaCl溶液调零，测定样品溶液在波长280nm及260nm处的吸光度值。

【结果与计算】

将280nm及260nm处的吸光度值按下列校正经验式计算出蛋白质浓度。

$$\text{蛋白质浓度（mg/ml）}=（1.45\times A_{280}-0.74\times A_{260}）\times 500$$

【注意事项】

（1）因紫外线可以被玻璃阻挡，所以紫外分光光度计应使用石英比色皿作为容器。

（2）不同的蛋白质和核酸的光吸收率不完全是恒定不变的，所以可能产生误差。另外核酸中的嘌呤碱、嘧啶碱在波长260nm和280nm处都有光吸收作用。所以核酸的含量在20%以下，$A_{280}/A_{260}>1.5$时，方可以使用上述公式。

（3）本法对于微量蛋白质的测定既快捷又方便，其还适用于用硫酸铵或其他盐类提纯的蛋白质样品的测定（这种蛋白质样品含多种盐类混杂，用其他方法测定比较困难）。

（4）为简便起见，对于混合蛋白质溶液，可用A_{280}乘以0.75来代表其中蛋白质的大致含量（mg/ml）。

【思考题】

1. 分光光度法的原理是什么？如何用标准曲线法测定物质含量？

2. 上述4种蛋白质含量测定方法的原理是什么？各有哪些优缺点？

实验五　凝胶层析分离血红蛋白和鱼精蛋白

【实验目的】

掌握凝胶层析分离的原理及方法。

【实验原理】

凝胶层析是指样品随流动相流经装有凝胶作为固定相的层析柱时，各物质因分子大小不同而被分离。凝胶是一类经过交联而具有立体网状（网孔）结构的多聚物，常用的有葡聚糖凝胶（Sephadex）、聚丙烯酰胺凝胶和琼脂糖凝胶。本实验采用的是葡聚糖凝胶，它由葡聚糖经交联剂（一般为环氧氯丙烷）交联而成，网状结构的孔隙大小与交联度（用G表示）相关。交联剂越多，交联度就越高，网状结构的孔隙就越小，适用于分离分子量较小的物质；反之交联度越低，孔隙就越大，适用于分离分子量较大的物质。在洗脱过程中，样品中分子直径小于凝胶孔隙的可进入凝胶内部的网状结构，分子直径大于孔隙的则不能进入而沿凝胶颗粒间隙流出，因此分子量较大的物质在流动过程中遇到的阻力小，流程短，流速快，故先流出层析柱，而分子量较小的物质因进入凝胶网孔内部而受阻滞，遇到的阻力大，流程长，流速慢，故后流出层析柱。这样样品中各物质按分子大小的顺序先后被洗脱下来，从而达到分离的目的。

本实验使用Sephadex G-50分离血红蛋白和鱼精蛋白。血红蛋白分子量约为64 500（红色），鱼精蛋白分子量为2000～12 000（无色），后者与二硝基氟苯结合后形成二硝基氟苯（DNP）-鱼精蛋白复合物（黄色）。将上述两种混合液加于Sephadex G-50层析柱顶部，用蒸馏水进行洗脱，则两种蛋白因分子大小不同而被分离。

【实验材料】

1. 样品 抗凝全血，鱼精蛋白。

2. 试剂

（1）Sephadex G-50。

（2）血红蛋白（Hb）溶液：取草酸抗凝血液约5ml于离心管中，在2500r/min下离心5min，弃去上层血浆，用0.9%NaCl溶液洗血细胞2次，将血细胞用5倍体积的蒸馏水稀释，即为血红蛋白稀释液，备用。

（3）二硝基氟苯-鱼精蛋白：称取鱼精蛋白0.15g，溶于10%$NaHCO_3$溶液1.5ml中（此时该蛋白溶液的pH应为8.5～9.0）。另取二硝基氟苯0.15g，溶于微热的95%乙醇3ml中，待充分溶解后，立即倾入上述蛋白质溶液中。然后，将此液置沸水中煮沸5min，冷却后，加两倍量的95%乙醇，使生成的黄色的二硝基氟苯-鱼精蛋白沉淀。离心5min，弃去上清液，用95%乙醇洗沉淀2次，所得沉淀用1ml蒸馏水溶解，即为二硝基氟苯-鱼精蛋白溶液，备用。

（4）血红蛋白和鱼精蛋白的混合样品：取血红蛋白稀释液0.3ml与二硝基氟苯-鱼精蛋白溶液0.5ml，充分混匀，此混合液作为样品。

3. 器材 层析柱，铁架台，锥形瓶，恒温水浴箱，玻璃棒，胶头滴管，滤纸片等。

【实验步骤】

1. 凝胶的溶胀 称取Sephadex G-50 1g置于锥形瓶中，加蒸馏水约30ml，在沸水浴中煮沸1h，取出冷至室温后再装柱。如在室温溶胀，需要浸泡3h才能装柱。

2. 装柱 取层析柱（直径0.8～1.5cm，长度20cm）1支，将层析柱烧结板下端的死区用蒸馏水充满，不得留有气泡。然后，关闭层析柱的出口，将已溶胀的凝胶悬液沿玻璃棒小心地徐徐灌入柱中，待底部凝胶沉积1～2cm时，打开出口，继续加入凝胶悬液，至凝胶层积集至约15cm高度即可。凝胶悬液尽量一次加完，以免出现不均匀与分层的凝胶带。如表层凝胶凹凸不平，可用玻璃棒轻轻搅动，让凝胶自然沉降，使表面平整。柱中不能有气泡存在。

3. 加样与洗脱 加样时先将柱的出口打开，让蒸馏水逐渐流出，待床面上只留下极薄的一层蒸馏水时关闭出口。用滴管将样品（约0.4ml）小心地加到凝胶床的表面上去。注意加样时切莫将床面冲起（可先在凝胶表面加一小滤纸片），也不要沿柱壁加入。然后，打开出口，使样品恰好进入床面（不要让空气进入床内），用上法滴加1～2倍样品体积的蒸馏水，待样品完全流进床内后，再加蒸馏水进行扩展洗脱，直至两条区带分开。

4. 回收凝胶

【注意事项】

（1）先将凝胶充分搅拌后再灌入层析柱。

（2）加样时动作应轻柔，切勿将床面冲起，保持凝胶床面平整。

（3）在层析的过程中需要补充蒸馏水。

（4）样品洗脱完毕，凝胶可回收再次使用。可加入0.02%叠氮钠防腐，于4℃冰箱保存。

【思考题】

1. 凝胶层析的原理是什么？为什么小分子物质遇到的阻力大、流程长、流速慢？凝胶层析分离物质有什么优缺点？

2. 按层析原理分类，除了凝胶层析之外还有哪几类层析？

3. 层析法除了可以分离蛋白质外，该如何进一步对其进行定量？

4. 血红蛋白和鱼精蛋白哪个先被洗脱出来？为什么？

实验六　SDS-聚丙烯酰胺凝胶电泳法测定蛋白质分子量

【实验目的】

（1）掌握SDS-聚丙烯酰胺凝胶电泳测定蛋白质分子量的原理。

（2）学习SDS-聚丙烯酰胺凝胶电泳基本技术及应用。

【实验原理】

SDS-聚丙烯酰胺凝胶电泳（sodium dodecyl sulfate-polyacrylamide gel electrophoresis，SDS-PAGE）是目前常用的蛋白质电泳分析法，可对蛋白质进行量化、比较及特性鉴定。

聚丙烯酰胺凝胶是由丙烯酰胺（Acr）和交联剂*N*，*N'*-亚甲基双丙烯酰胺（Bis）在催化剂过硫酸铵、加速剂四甲基乙二胺（TEMED）作用下，聚合交联而形成的具有三维网状（网孔）结构的高亲水性凝胶。聚丙烯酰胺凝胶电泳（polyacrylamide gel electrophoresis，PAGE）是一种以聚丙烯酰胺凝胶为支持物的区带电泳，电泳时蛋白质的有效分离范围取决于网孔的大小，即丙烯酰胺的浓度和交联度。聚丙烯酰胺凝胶的有效分离范围见表3-7。

表3-7 聚丙烯酰胺凝胶的有效分离范围

丙烯酰胺在凝胶中所占的百分比（%）	分离胶的分子量分辨范围（kDa）
15	10 ～ 43
12.5	12 ～ 60
10	20 ～ 80
7.5	34 ～ 94
5	57 ～ 211

注：丙烯酰胺与双丙烯酰胺的分子比是1∶29。

凝胶具有分子筛效应，因此蛋白质的电泳迁移速度不仅与所带净电荷量的多少有关，还与分子大小、形状有关。要使电泳速度只取决于分子大小，就要消除电荷与形状的影响。十二烷基硫酸钠（SDS）是一种阴离子去污剂，可破坏蛋白质中的非共价键，使蛋白质解聚；由于SDS带大量负电荷，当与蛋白质形成复合物时，蛋白质所带的电荷几乎可以忽略不计，使各种蛋白质带上相同量的负电荷；而形成的SDS-蛋白质复合物形状相似，都呈长椭圆形，其短轴大约为18nm。因此在电泳体系中加入一定浓度的SDS，蛋白质电泳迁移率的大小只取决于其分子量的大小，与蛋白质原来所带的电荷量及形状无关，可通过电泳迁移率推断出蛋白质的分子量大小。

蛋白质-SDS复合物的电泳迁移率与蛋白质分子量的对数呈线性关系。

$$\lg M_W = \lg K - b m_R$$

式中，M_W为蛋白质分子量；m_R为相对迁移率；K为常数；b为斜率。

将已知分子量的标准蛋白质在SDS-聚丙烯酰胺凝胶中的电泳迁移率对分子量的对数作图，绘制标准曲线。依据蛋白质样品在相同电泳条件下的相对迁移率，通过标准曲线即可求出样品蛋白质的分子量。

【实验材料】

1. 样品 蛋白样品。

2. 试剂

（1）30%丙烯酰胺凝胶贮备液：称取丙烯酰胺30g，甲叉双丙烯酰胺0.8g，ddH_2O（双蒸水）溶解并定容至100ml，用滤纸过滤至棕色瓶，4℃下避光贮存。

（2）1.5mol/L Tris-HCl pH 8.8的缓冲液：称取Tris（三羟甲基氨基甲烷）36.6g，用100ml ddH_2O溶解，用1mol/L HCl调节pH至8.8，用ddH_2O定容至200ml。

（3）1.0mol/L Tris-HCl pH 6.8的缓冲液：称取Tris 12.1g，用40ml ddH_2O溶解，用1mol/L HCl调节pH至6.8，用ddH_2O定容至100ml。

（4）5 × Tris-甘氨酸电泳（pH 8.3）缓冲液：称取1.51g Tris、9.4g甘氨酸、0.5g SDS，用ddH_2O溶解并定容至100ml（用时稀释5倍）。

（5）10% SDS：称取10g SDS，用ddH_2O溶解并定容至100ml。

（6）10%四甲基乙二胺（TEMED）。

（7）10%过硫酸铵（APS）：称取1g过硫酸铵，用ddH_2O溶解并定容至10ml，现配现用，-20℃下存放。

（8）5×样品缓冲液：内含10% SDS、1%巯基乙醇、40%蔗糖或20%甘油、0.02%溴酚蓝、1mol/L Tris-HCl的pH 6.8的缓冲液。

（9）染色液：称取1g考马斯亮蓝R-250，加入甲醇200ml，冰醋酸50ml，混合后用ddH_2O溶解并定容至500ml。

（10）脱色液：甲醇400ml，冰醋酸100ml，用ddH_2O定容至1000ml。

（11）彩虹180广谱蛋白Marker（标准样品）：可直接上样。

3. 器材　制胶模具，稳流稳压电泳仪，垂直板电泳槽，摇床，恒温水浴箱，EP管，微量移液枪及吸头，刻度尺，滤纸，烧杯等。

【实验步骤】

1. 安装制胶模具　安装前确保平玻璃板、凹玻璃板、试样格、楔形插板、主体等洁净、干燥。

（1）将平玻璃板、凹玻璃板重叠，形成胶室。

（2）将胶室放入主体，使凹玻璃的一面向内。

（3）插入楔形插板，用力下按，固定玻璃板。

（4）将主体放入原位制胶器内，两手同时把手柄向主体推动，旋转手柄，固定主体（图3-1）。

制胶模具安装完成后，用蒸馏水检测其密封性，若不漏水则表明模具可使用。

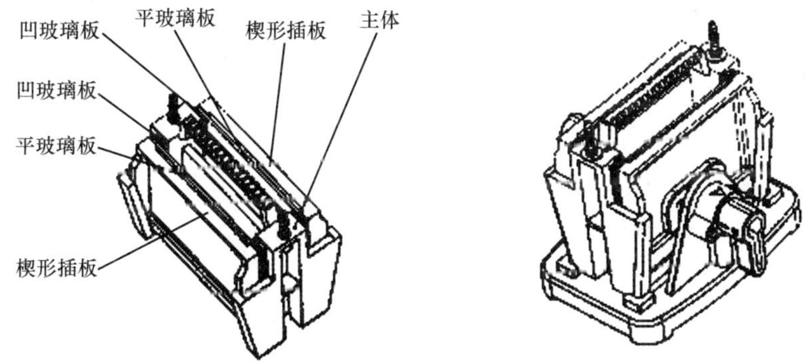

图3-1　制胶模具安装示意图

2. 制胶

（1）根据蛋白质分子大小不同，配制不同浓度的分离胶（表3-8）。

表3-8　配制Tris-甘氨酸SDS聚丙烯酰胺凝胶电泳分离胶所用溶液（ml）

溶液成分	凝胶浓度（%）					
	8		10		12	
双蒸水	2.3	4.6	1.9	4.0	1.6	3.3
30% 丙烯酰胺溶液	1.3	2.7	1.7	3.3	2.0	4.0
1.5mol/L Tris-HCl（pH 8.8）	1.3	2.5	1.3	2.5	1.3	2.5

续表

溶液成分	凝胶浓度（%）					
	8		10		12	
10%SDS	0.05	0.1	0.05	0.1	0.05	0.1
10%APS	0.05	0.1	0.05	0.1	0.05	0.1
TEMED	0.003	0.006	0.002	0.004	0.002	0.004
总体积	5.0	10.0	5.0	10.0	5.0	10.0

注：将表中的前四项组分混匀后，再加入APS和TEMED。

用移液枪或滴管将上述分离胶缓慢注入胶室内至梳齿下1cm位置，操作中注意防止产生气泡，沿玻璃板壁向胶室缓慢注入ddH_2O，进行水封。

（2）根据表3-9选择不同体积配制5%浓缩胶。

表3-9　配制Tris-甘氨酸SDS聚丙烯酰胺凝胶电泳5%浓缩胶所用溶液（ml）

溶液成分	不同体积（ml）凝胶液中各成分所需体积							
	1	2	3	4	5	6	8	10
水	0.68	1.4	2.1	2.7	3.4	4.1	5.5	6.8
30% 丙烯酰胺混合液	0.17	0.33	0.5	0.67	0.83	1	1.3	1.7
1.0mol/L Tris-HCl（pH 6.8）	0.13	0.25	0.38	0.5	0.63	0.75	0	1.25
10%SDS	0.01	0.02	0.03	0.04	0.05	0.06	0.08	0.1
10%APS	0.01	0.02	0.03	0.04	0.05	0.06	0.08	0.1
TEMED	0.001	0.002	0.003	0.004	0.005	0.006	0.008	0.01

注：将表中的前四项组分混匀后，再加入APS和TEMED。

注入浓缩胶前，倾斜倒掉水封层的水，用滤纸吸去多余的水分。用移液枪或滴管向胶室缓慢注入浓缩胶，并插入梳齿，聚胶30min后小心拔除梳齿。

3. 样品处理　取蛋白样品与等体积的5×样品缓冲液于EP管中混合，95℃加热变性5min。

4. 上样　将电泳槽内注满1×电泳缓冲液，彻底除去点样孔中和胶底的气泡。每孔上样量为20μl（含40μg蛋白）。

5. 电泳　向电泳外槽内注入1×电泳缓冲液，盖上盖子，调节电压为80V进行电泳；当染料进入分离胶后，将电压增加到120V，稳压电泳；当染料抵达分离胶中下部时，断开电源。

电泳结束，取下玻璃板，小心撬开，在浓缩胶、分离胶一角做好标记，取出凝胶，用尺子测量指示染料移动的距离，并做记录。

6. 染色　将凝胶放入染色液，于60℃水浴中处理30min。

7. 脱色　将凝胶放入脱色液中，并将脱色皿放入摇床中缓慢振荡脱色，其间更换脱色液3～4次。

8. 测量　测量脱色后各蛋白质的移动距离，并做记录。

【结果与计算】

1. 原始记录　指示染料移动距离（cm），填入表3-10中。

表3-10　指示染料移动距离记录表

蛋白质 Marker（M_W）	$\lg M_W$	蛋白质迁移距离（cm）	相对迁移率（m_R）
蛋白 1（180000）			
蛋白 2（135000）			
蛋白 3（100000）			
蛋白 4（75000）			
蛋白 5（63000）			
蛋白 6（48000）			
蛋白 7（35000）			
蛋白 8（25000）			
蛋白 9（17000）			
蛋白 10（11000）			
样品蛋白			

2. 相对迁移率计算

相对迁移率（m_R）=蛋白质迁移距离（cm）/指示染料移动距离（cm）

3. 标准曲线绘制　以标准蛋白质的相对迁移率为横坐标，蛋白质分子量的对数为纵坐标，绘制标准曲线。

4. 待测蛋白质样品分子量计算　根据待测样品的相对迁移率，从标准曲线上查出其分子量。

【注意事项】

（1）未聚合的丙烯酰胺具有神经毒性，可经皮肤、呼吸道等吸收，操作时要戴手套进行防护。

（2）安装制胶模具时一定要进行检漏处理。

（3）配制凝胶时先将其他溶液混匀后再加入APS和TEMED。

（4）用移液枪或滴管将凝胶注入制胶玻璃及梳子插入浓缩胶时都应确保没有气泡。

【思考题】

1. 除SDS聚丙烯酰胺凝胶电泳法测量蛋白质分子量外，还有哪些方法可以测定蛋白质分子量？

2. 为什么蛋白质电泳前需要进行高温加热处理？

3. 是否所有蛋白质都可以采用SDS聚丙烯酰胺凝胶电泳测定分子量？为什么？

实验七　氨基酸的薄层层析

【实验目的】

（1）掌握薄层层析法的实验原理。

（2）掌握氨基酸薄层层析法的基本操作方法。

【实验原理】

氨基酸的薄层层析是将吸附剂（如硅胶G、硅藻土、氧化铝等）均匀地铺在平面板（如玻璃板、金属片等）上，使其成为薄层，作为固定相。将混合氨基酸样品点加到平面板的一端，当液相（展层溶剂）在固定相上流动时，由于各种氨基酸结构和性质的不同，其在吸附剂表面的吸附能力各异，在展层溶剂中的溶解度也不相同，吸附力大的氨基酸易被吸附剂吸附，而较难被展层溶剂溶解；吸附力小的氨基酸则易溶解于展层溶剂，而被其携带至较远的距离。这样，氨基酸在吸附剂和展层溶剂之间反复多次地被吸附与解吸附，从而随着展层溶剂的移动速率不同，混合氨基酸得以分离，并可通过茚三酮反应显色做鉴别。

薄层层析的优点是设备简单、操作容易、层析展开时间短、分离效率高。薄层层析可用于氨基酸、肽、核苷酸、糖类、脂类和激素等物质的分离和鉴定。

混合氨基酸被分离后在薄层层析图谱上的位置用相对迁移率R_f值来表示。

$$R_f=\frac{\text{点样处到斑点中心的距离}}{\text{点样处到溶剂前沿的距离}}$$

物质在一定溶剂中的分配系数是一定的，故R_f值也是恒定的，因此可以根据R_f值来鉴定被分离的物质。

【实验材料】

1. 样品　混合氨基酸样品：将0.01mol/L丙氨酸、0.01mol/L精氨酸及0.01mol/L甘氨酸按等体积制成混合溶液。

2. 试剂

（1）吸附剂：硅胶。

（2）黏合剂（5%羟甲基纤维素钠）：取5%羟甲基纤维素钠5g溶于1000ml蒸馏水中，煮沸，静置冷却，弃沉淀，去上清液备用。

（3）氨基酸标准品：0.01mol/L丙氨酸（取丙氨酸8.9mg溶于90%异丙醇溶液定容至10ml）；0.01mol/L精氨酸（取精氨酸17.4mg溶于90%异丙醇溶液定容至10ml）；0.01mol/L甘氨酸（取甘氨酸7.5mg溶于90%异丙醇溶液定容至10ml）。

（4）展层溶剂：按80∶10∶10混合正丁醇、冰醋酸及蒸馏水，临用前配制。

（5）0.1%茚三酮溶液：取茚三酮0.1g溶于无水丙酮，定容至100ml。

（6）展层-显色液：按照10∶1的比例混合展层溶剂和0.1%茚三酮溶液。

3. 器材　玻璃板（5cm×15cm），毛细玻璃管，层析缸，烤箱，尺子，铅笔等。

【实验步骤】

1. 薄层板的制备

（1）调浆：称取硅胶3g，加5%羟甲基纤维素钠8ml，调制成均匀的糊状。

（2）涂布：取洁净的玻璃板均匀涂层。

（3）干燥：将玻璃板水平放置，室温下自然晾干。

（4）活化：70℃下烘干30min，待玻璃板温度下降后取出。

2. 点样　用铅笔在薄层板上距底端2cm处画一条水平线，在水平线上确定4个点，分别标记“丙”“精”“甘”“合”，每个点间隔1cm，用毛细玻璃管分别蘸取0.01mol/L丙氨酸、0.01mol/L精氨酸、0.01mol/L甘氨酸及混合氨基酸样品，在标记好的相应点样处点样，使点样斑点直径不超过1cm，自然晾干后，必要时可再重复点样一次。

3. 层析　将层析板点样端浸入展层-显色液，展层-显色液面应该低于点样线，盖好层析缸盖，开始展层。当展层剂前沿离薄层板顶端2cm时，停止展层，取出薄层板，用铅笔画出溶剂前沿界线。

4. 显色　将薄层板放置在烤箱中烤干后取出，板上可显现出紫色色斑。

5. 计算R_f值　用铅笔描出色斑，用尺子测量相关距离，计算R_f值。

【结果与计算】

（1）计算各色斑R_f值（表3-11）

表3-11　各色斑R_f值计算表

	“丙”	“精”	“甘”	“合”
点样处到斑点中心的距离（cm）				
点样处到溶剂前沿的距离（cm）				
R_f值				

（2）通过R_f值的比较，判断混合样品中氨基酸的种类。

【注意事项】

（1）制备的薄层板应厚度均匀、光滑无气泡。

（2）点样斑点不能太大，每个点样斑点尽量保证大小一致。

（3）根据一定的目的、要求，选择合适的溶剂系统。

【思考题】

1. 实验中作为固定相和流动相的物质分别是什么？

2. 薄层层析分离混合氨基酸的原理是什么？

实验八 核酸的定量测定

一、紫外吸收法

【实验目的】

学会紫外吸收法测定核酸含量及纯度的原理和方法。

【实验原理】

核酸、核苷酸及其衍生物分子中的嘌呤、嘧啶碱具有共轭双键结构，能够吸收250～280nm波长的紫外光。核酸的最大紫外吸收值在260nm处，吸收强度与核酸浓度成正比，因此可通过测定核酸样品溶液在260nm处的吸光度值来测定核酸的含量及判断核酸纯度。

在260nm波长的紫外线下，1个吸光度值相当于双链DNA（dsDNA）浓度为50μg/ml，单链DNA（ssDNA）为33μg/ml，RNA为40μg/ml，可依此来计算核酸样品的浓度。由于核酸样品中含有蛋白质等物质，会影响核酸在260nm处的吸光度值，通常对同一样品同时检测其260nm和280nm处的紫外吸光度值，计算其比值（A_{260}/A_{280}）来判断核酸的纯度。一般情况下，DNA的A_{260}/A_{280}值接近1.8时，样品中DNA较纯；而小于1.6则表明有蛋白质污染或酚污染；大于1.9则表明有RNA污染。对于RNA来说，A_{260}/A_{280}值在1.7～2.0说明样品中的RNA较纯；小于1.7则表明有蛋白质污染或酚污染，大于2.0则表明可能有异硫氰酸残留。

【实验材料】

1. 样品 RNA或DNA样品。

2. 试剂 TE缓冲液或ddH_2O。

3. 器材 小试管，微量加样器，石英比色皿，752型紫外可见分光光度计，旋涡混合仪等。

【实验步骤】

（1）于小试管中将样品用TE缓冲液或ddH_2O稀释成适当浓度的核酸溶液，用TE缓冲液或ddH_2O作空白对照，测定260nm和280nm处的吸光度值。

（2）计算DNA浓度和RNA浓度。

$$\text{DNA浓度（μg/ml）}=A_{260}\times\text{核酸稀释倍数}\times 50$$

$$\text{RNA浓度（μg/ml）}=A_{260}\times\text{核酸稀释倍数}\times 40$$

（3）计算A_{260}/A_{280}比值，估算核酸的纯度。

【注意事项】

（1）推荐稀释率为1：（10～50）。

（2）核酸样品在稀释前需要用旋涡混合仪混匀，避免出现浓度梯度。

二、DNA的定量测定——二苯胺法

【实验目的】

掌握二苯胺法测定DNA的原理和方法。

【实验原理】

DNA在酸性环境下，其2-脱氧核糖可脱水生成ω-羟基-γ-酮基戊醛，后者与二苯胺试剂一起加热可产生蓝色化合物，其在595nm处有最大吸收。DNA在40～400μg范围内时，吸光度与DNA的浓度成正比。加入少量乙醛可以提高反应灵敏度。除DNA外，脱氧木糖、阿拉伯糖也有同样的反应，其他多数糖类，包括核糖在内，一般无此反应。

【实验材料】

1. 样品　准确称取DNA干燥制品，用5mmol/L氢氧化钠溶液配成50～200μg/ml的溶液。

2. 试剂

（1）DNA标准溶液（须经定磷法确定其纯度）：取小牛胸腺DNA钠盐，以5mmol/L氢氧化钠溶液配成200μg/ml的溶液。

（2）二苯胺试剂

1）A液：称取1g重结晶二苯胺，溶于100ml分析纯的冰醋酸中，再加入10ml高氯酸（60%以上），混匀储于棕色瓶中待用。

2）B液：配制1.6%的乙醛液，临用前配制。

3）临用时将20ml A液与0.1ml B液混合，即得二苯胺试剂。

（3）蒸馏水

3. 器材　分析天平，恒温水浴箱，试管，吸量管，722型分光光度计等。

【实验步骤】

（1）取试管7支，按表3-12操作。

表3-12　二苯胺法测定DNA加样表（ml）

加入物	空白管	1号管	2号管	3号管	4号管	5号管	样品管
DNA标准溶液（200μg/ml）	—	0.4	0.8	1.2	1.6	2.0	—
DNA样品	—	—	—	—	—	—	2.0
蒸馏水	2.0	1.6	1.2	0.8	0.4	—	—
二苯胺试剂	4.0	4.0	4.0	4.0	4.0	4.0	4.0
DNA含量（μg）	0	80	160	240	320	400	—

（2）各管混匀，于60℃水浴中保温1h。冷却后，以空白管调零，读取各管在595nm处的吸光度。以DNA含量（μg）为横坐标，A_{595}值为纵坐标，绘制标准曲线。对照标准曲线，由待测样品的吸光度值求出样品中DNA的含量。

三、RNA的定量测定——地衣酚法

【实验目的】

掌握地衣酚法测定RNA的原理和方法。

【实验原理】

当RNA与浓盐酸共热时，即发生降解，形成的核糖继而转变成糖醛，后者与3，5-二羟基甲苯（地衣酚，orcinol）反应，在Fe^{3+}或Cu^{2+}催化下，生成鲜绿色复合物。反应产物在670nm处有最大吸收。RNA浓度在20～250μg/ml范围内时，吸光度与RNA浓度成正比。地衣酚法特异性较差，凡戊糖均有此反应，DNA和其他杂质也能与地衣酚反应产生类似颜色，因此测定RNA时可先测得DNA含量再计算RNA含量。

【实验材料】

1. 样品　用5mmol/L氢氧化钠溶液配成每毫升含RNA干燥制品50～100μg的溶液。

2. 试剂

（1）RNA标准溶液（须经定磷法确定其纯度）：取酵母RNA配成100μg/ml的溶液。

（2）地衣酚试剂：先配0.1%三氧化铁的浓盐酸（分析纯）溶液，实验前用此溶液作为溶剂配成0.1%地衣酚溶液。

（3）蒸馏水

3. 器材　分析天平，恒温水浴箱，试管，吸量管，722型分光光度计等。

【实验步骤】

（1）取试管7支，按表3-13操作。

表3-13　地衣酚法测定RNA加样表（ml）

加入物	空白管	1号管	2号管	3号管	4号管	5号管	样品管
RNA标准溶液（100μg/ml）	—	0.4	0.8	1.2	1.6	2.0	—
RNA样品	—	—	—	—	—	—	2.0
蒸馏水	2.0	1.6	1.2	0.8	0.4	—	—
地衣酚试剂	2.0	2.0	2.0	2.0	2.0	2.0	2.0
RNA含量（μg）	0	40	80	120	160	200	—

（2）各管混匀，沸水浴加热25min。取出冷却，以空白管调零，读取各管在670nm处的吸光度。以RNA含量（μg）为横坐标，A_{670}值为纵坐标，绘制标准曲线。由待测样品的吸光度值，对照标准曲线求出样品中RNA的含量。

【注意事项】

样品中蛋白质含量较高时，应先用5%三氯乙酸溶液沉淀蛋白质后再测定。

【思考题】

在核酸测定中，紫外分光光度法与二苯胺法、地衣酚法相比有何优缺点？

实验九　酵母RNA的提取及组分的鉴定

【实验目的】

（1）掌握核酸的化学组成成分。

（2）学习稀碱法提取RNA。

（3）学习RNA的组分鉴定。

【实验原理】

酵母细胞中所含的核酸主要是RNA，DNA含量少，故本实验采用酵母提取RNA。酵母细胞中所含的核蛋白不溶于水和稀酸，但能溶于稀碱，所以先用稀碱加热煮沸处理，使RNA成为可溶性的钠盐而与酵母中的其他成分分离。然后加乙醇沉淀溶液中的RNA，最后加酸将其完全水解，并用下列方法鉴定其中的组分。

（1）钼酸铵试剂与无机磷酸结合生成的磷钼酸易被还原生成钼蓝，以此鉴定核酸中的磷。

（2）3，5-二羟基甲苯与核糖在浓酸中共热呈绿色，以此鉴定核糖的存在。

（3）嘌呤碱与硝酸银共热产生絮状的嘌呤银沉淀，以此鉴定嘌呤的存在。

【实验材料】

1. 样品　干酵母片。

2. 试剂

（1）1mol/L NaOH：取40g NaOH溶于1000ml蒸馏水。

（2）酸性乙醇：取0.3ml浓盐酸加入30ml 95%乙醇中。

（3）1.5mol/L H_2SO_4：取41.7ml浓硫酸倒入适量水稀释，转移到500ml容量瓶中定容备用。

（4）钼酸铵试剂：取钼酸铵25g溶于300ml蒸馏水中。另将75ml浓硫酸缓慢加入125ml蒸馏水中，混匀，冷却。将以上两种液体合并即为钼酸铵试剂。

（5）4%维生素C溶液：取4g维生素C溶解于1%草酸溶液中，定容至100ml。

（6）3，5-二羟基甲苯-三氯化铁溶液：将100mg 3，5-二羟基甲苯溶于100ml浓硫酸中，再加入100mg $FeCl_3 \cdot 6H_2O$。

（7）5%硝酸银溶液：将5g硝酸银溶于蒸馏水并稀释至100ml，贮于棕色瓶中。

（8）浓氨水。

3. 器材　研钵，离心机，恒温水浴箱，烧杯，试管，滴管等。

【实验步骤】

1. 酵母中RNA的制备

（1）取2片酵母片置于研钵中，加入1mol/L的NaOH溶液8ml，充分研磨，使其成为匀浆。

（2）将酵母匀浆倒入1支大试管中，在沸水中加热20min。

（3）把大试管中的匀浆分别放入2支小试管中，配平。

（4）以2000r/min离心5min，将两份上清液分别倒入1支大试管中，弃去沉淀。

（5）将上述溶液猛力摇匀后，徐徐倒入盛有15ml酸性乙醇溶液的小烧杯中，有白色沉淀出现。

（6）将烧杯中沉淀充分转移到2支小试管中，配平，以2000r/min离心5min，弃去上清液，做下一步实验。

2. RNA的水解 向两管沉淀物中各加入1.5mol/L的H_2SO_4溶液1.5ml，沸水加热10min，使其充分水解。

3. RNA的组分鉴定（取试管3支，编号）

（1）磷酸试验：1号试管，取钼酸铵试剂10滴，加RNA水解液10滴摇匀，再加4%维生素C溶液6滴，沸水加热5～10min，观察颜色变化。

（2）核糖试验：2号试管，取3，5-二羟基甲苯6滴，加RNA水解液10滴摇匀，沸水加热5～10min，观察颜色变化。

（3）嘌呤试验：3号试管，取5%硝酸银溶液10滴，加浓氨水1～2滴（至沉淀消散后），加RNA水解液10滴摇匀，沸水加热5～10min，观察颜色变化。

【注意事项】

（1）酵母片一定要充分研磨。

（2）酵母匀浆加热时，要时常振摇试管使其充分受热。

（3）向硝酸银溶液中加浓氨水时要逐滴加入，白色沉淀消散后再加RNA水解液。

【思考题】

1. 简述RNA的化学组成及功能。

2. RNA有哪些主要类型？比较其结构和功能特点。

3. 去除核酸中蛋白质的方法有哪些？本实验用的是哪种方法？

实验十　核酸的琼脂糖凝胶电泳

一、DNA的琼脂糖凝胶电泳

【实验目的】

掌握琼脂糖凝胶电泳分离DNA的原理与方法。

【实验原理】

琼脂糖凝胶电泳是以琼脂糖凝胶为支持物的一种电泳技术，是分离、鉴定和纯化DNA片段最为常用的方法之一。琼脂糖是从琼脂中提纯出来的一种线性多糖，琼脂糖之间通过氢键构成较稳定的交联结构，形成具有网孔的凝胶。浓度不同的琼脂糖可形成直径不同的网孔，从而用于分离分子量不同的DNA分子（表3-14）。

表3-14　不同浓度的琼脂糖凝胶分离DNA片段的有效范围

琼脂糖浓度（%）	分离范围（kb）
0.5	1 ～ 30
0.7	0.7 ～ 15
1.0	0.5 ～ 10
1.2	0.4 ～ 6
1.5	0.2 ～ 3
2.0	0.1 ～ 2

在弱碱性条件下，核酸分子碱基几乎不解离，而磷酸全部解离，使DNA带负电荷。在电场作用下，DNA在琼脂糖凝胶中可以从负极向正极移动。不同的DNA因分子量不同，所带电荷量和构象不同，在同一电场中的移动速度也不同，从而达到分离目的。一般分子量越小，所带负电荷越多，迁移越快；DNA的构象对迁移速度也有一定的影响，超螺旋结构的迁移速度大于线状结构，线状结构又大于开环结构。

【实验材料】

1. 样品　DNA样品。

2. 试剂

（1）50 × TAE电泳缓冲液：取Tris 242g，乙二胺四乙酸（EDTA）18.6g，冰醋酸57.1ml，用ddH$_2$O定容至1L。用前稀释成1 × TAE电泳缓冲液。

（2）10 × 上样缓冲液：取甘油5ml，溴酚蓝25mg，二甲苯腈蓝FF 25mg，0.5ml/L EDTA（pH 8.0）200μl，用ddH$_2$O定容至10ml。室温保存。

（3）10mg/ml溴乙锭（EB）：称取200mg EB，加20ml ddH$_2$O，充分溶解后，于避光、4℃下存放。EB有致癌作用，操作时须戴一次性手套。使用时稀释为0.5μg/ml。

（4）琼脂糖、ddH$_2$O。

（5）DNA Marker：已知分子量的DNA标准品。

3. 器材　琼脂糖凝胶电泳装置，紫外灯或紫外凝胶成像系统，微波炉，微量移液器及吸头，EP管，锥形瓶等。

【实验步骤】

（1）根据所要分离DNA的分子量大小，配制不同浓度的凝胶（通常为0.8%～2%）。以1%的凝胶为例：称取0.4g的琼脂糖粉置于锥形瓶中，加入40ml 1 × TAE电泳缓冲液，微波炉加热使琼脂糖完全溶解。

（2）待琼脂糖凝胶冷却到50℃左右，缓缓倒入插好梳齿的胶槽中，避免气泡产生，凝胶厚度为3～5mm。

（3）根据不同的室温静置不同的时间，约30min。待完全凝固之后，拔出梳子备用。

（4）将制胶板连同胶一起放入电泳槽，加样孔一端放在负极，加1×TAE电泳缓冲液，浸没胶约1mm。

（5）点样：用微量移液器分别取DNA样品和DNA Marker各5μl于EP管中，加10×上样缓冲液1μl，混匀后用微量移液器依次加入点样孔中。

（6）电泳：盖上电泳槽并且通电，注意电源正负极，确保样品向阳极移动。采用1～5V/cm的电压（长度以两个电极之间的距离计算），当上样缓冲液中的溴酚蓝迁移至胶长度的2/3处时，停止电泳，取出凝胶。

（7）染色：将胶取出放入EB（0.5μg/ml）染液盒中染色15min左右，之后用水清洗漂洗。

（8）在紫外灯或紫外凝胶成像系统下观察结果、拍照。

【注意事项】

（1）溴乙锭为致癌物，操作时应进行适当防护，实验结束后应净化处理；另外，EB见光分解，应在棕色瓶或铝箔纸包裹的瓶中存放。

（2）琼脂糖的浓度可根据待分离DNA片段的长度适当调整，浓度较低的胶可分离分子量大的DNA，浓度较高的胶分离小分子量DNA的效果更好。

【思考题】

1. 琼脂糖凝胶电泳除了用于检测DNA外，还可用来检测哪些物质？与其他类型电泳有什么区别？

2. 还有哪些电泳方法可以用来分离DNA？

3. 荧光染料溴乙锭使DNA染色的原理是什么？

4. DNA分子在电泳中的迁移率除了取决于DNA分子大小与构型外，还与哪些因素有关？

二、RNA的甲醛变性凝胶电泳

【实验目的】

掌握琼脂糖甲醛变性凝胶电泳分离RNA的原理及技术。

【实验原理】

RNA容易形成二级结构，因此通常用甲醛变性凝胶来进行RNA电泳。在凝胶中加入甲醛等变性剂可抑制单链RNA内部自发形成二级结构，减少构型对电泳的影响，使得到的电泳图能真实反映RNA的分子量。RNA在甲醛琼脂糖凝胶电泳中的迁移率与分子量的对数成反比关系，因此可将不同分子大小的RNA进行分离。

【实验材料】

1. 样品　RNA样品。

2. 试剂

（1）琼脂糖，0.1%DEPC水，37%甲醛，甲酰胺，1mmol/L溴乙锭（EB）。

（2）10×MOPS电泳缓冲液（用DEPC水配制）：称取吗啉代丙烷磺酸（MOPS）41.8g，加700ml DEPC水，搅拌溶解，用2mol/L NaOH调pH至7.0。加DEPC水配制的1mmol/L乙酸钠和0.5mmol/L EDTA（pH 8.0）各20ml。最后用DEPC 水定容至1L。用滤膜过滤除菌，室温避光保存。

（3）10×上样缓冲液：取甘油5ml，溴酚蓝25mg，二甲苯腈蓝FF 25mg，0.5ml/L EDTA（pH 8.0）200μl，用DEPC水定容至10ml。室温保存。

（4）样品变性缓冲液（100μl）：甲酰胺66μl，甲醛21μl，10×MOPS电泳缓冲液（pH 7.0）13μl。

3. 器材　锥形瓶，微波炉，微量移液器及吸头，琼脂糖凝胶电泳装置，紫外凝胶分析仪，恒温水浴箱，EP管等。

【实验步骤】

（1）琼脂糖甲醛变性凝胶的配制：以1%的凝胶为例。称取0.4g的琼脂糖粉置于锥形瓶中，加入28.8ml0.1%DEPC水，4ml 10×MOPS电泳缓冲液，微波炉加热使琼脂糖完全溶解，待稍微冷却至50℃左右后，加入7.2ml 37%甲醛，再混匀，缓缓倒入插入梳齿的胶槽中。

（2）样品制备：取RNA总量4.5μl（10～20μg）于EP管中，加入15.5μl样品变性缓冲液（终浓度：10×MOPS电泳缓冲液；17.5%甲醛；50%去离子甲酰胺），65℃水浴，变性处理10min，在冰上冷却；加入2μl的10×上样缓冲液，混匀。

（3）将制好的凝胶置于加有1×MOPS凝胶电泳缓冲液的电泳槽中。

（4）其余步骤如上样、电泳、染色、观察等，均同“DNA的琼脂糖凝胶电泳”。

【注意事项】

（1）溴乙锭（EB）有致癌作用，操作时须戴一次性手套。

（2）实验过程中各种试剂、器械应避免受RNA污染，所有试剂都用DEPC水配制，器械也相应用DEPC水浸泡、清洗。

（3）甲醛有毒并易挥发，应在凝胶稍微冷却之后加入甲醛，并在通风橱中操作。

【思考题】

1. 比较一下DNA电泳缓冲液和RNA电泳缓冲液的成分和pH，思考一下有什么不同，为什么？

2. 除了利用甲醛之外，还有哪些方法可使RNA变性，并进行电泳？

实验十一　影响酶活性的因素

一、温度对酶活性的影响

【实验目的】

（1）掌握温度对酶活性的影响。

（2）掌握最适温度的概念。

【实验原理】

温度对酶活性有显著影响。温度降低，酶促反应速度降低，以至完全停止反应。从低温起逐渐升温，反应速度加快，当上升至某一温度时，酶促反应速度达最大值，此温度称为酶作用的最适温度。温度继续升高，酶蛋白变性，反应速度反而下降。人体内大多数酶的最适温度在37℃左右。

本实验以唾液淀粉酶为例。唾液淀粉酶可催化淀粉水解成各种糊精和麦芽糖，它们遇碘各呈不同的颜色。

淀粉水解反应（遇碘呈现颜色）：淀粉（蓝色）→蓝糊精（蓝色）→紫糊精（紫色）→红糊精（红色）→无色糊精（无色）→麦芽糖（无色）。

因此可以用碘液检查淀粉的水解程度，判断淀粉酶在不同温度影响下的活性大小。

【实验材料】

1. 样品　唾液。

2. 试剂

（1）0.8%淀粉液：称取0.8g淀粉，用蒸馏水溶解并定容至100ml。

（2）碘液：称取4g碘，6g碘化钾，用蒸馏水溶解并定容至100ml。

3. 器材　恒温水浴箱，制冰机，毛细吸管，白瓷反应板，烧杯，试管，胶头滴管等。

【实验步骤】

1.收集唾液　用少量蒸馏水漱口，清除口腔内的食物残渣，然后口含蒸馏水30～50ml，5min后收集于小烧杯中备用，此即为稀释唾液。

2. 预处理稀释唾液　取3支长试管，各加稀释唾液25～30滴，一管置于100℃水浴箱加热煮沸，一管置于37℃水浴箱中，一管置于冰浴中（0～4℃）。

3. 酶活性的测定　取小试管4支，按表3-15操作。

表3-15　温度对唾液淀粉酶活性检测操作表（滴）

加入物	1号管（0～4℃）	2号管（0～37℃）	3号管（37℃）	4号管（37～100℃）
0.8%淀粉液	20	20	20	20
预处理	0～4℃冰浴处理5min	0～4℃冰浴处理5min	37℃水浴处理5min	37℃水浴处理5min
预处理的稀释唾液	10（0～4℃）	10（0～4℃）	10（37℃）	10（100℃）
保温	0～4℃冰浴	37℃水浴	37℃水浴	37℃水浴

4. 保温时间的确定　将各管混匀，取白瓷反应板1块，向各凹槽内分别加入1滴碘液，每隔半分钟用毛细吸管从3号管中取1滴溶液，加到已加有碘液的小凹槽中，观察颜色变化，直到与碘不显色时（即只显碘的浅棕色时），马上向各管加碘液2滴，摇匀观察各管颜色，判断唾液淀粉酶的最适温度，并对各管出现的颜色进行解释。

【注意事项】

（1）在冰浴、37℃水浴及沸水浴中处理的时间不低于5min。

（2）由于唾液淀粉酶的活性有个体差异，在相同条件下反应所需时间也不一定相同。活性大，反应需要的时间短，反之亦然。

【思考题】

1. 为什么用3号管的反应情况来决定保温时间？

2. 1号管和4号管的结果在本质上有无区别？根据是什么？

3. 最适温度是酶的特征性常数吗？为什么？

二、pH对酶活性的影响

【实验目的】

（1）掌握pH对酶活性的影响。

（2）掌握最适pH的概念。

【实验原理】

环境pH显著影响酶活性，pH既影响酶蛋白本身，也影响底物的离解程度和电荷，从而改变酶与底物的结合和催化作用。在某一pH时，酶活性达最大值，这一pH称为酶的最适pH。不同的酶最适pH也不相同。人体内多数酶的最适pH在7.0左右。过酸、过碱都会使酶活性降低，甚至使酶蛋白变性而失活。

本实验以唾液淀粉酶为例，观察在不同pH条件下淀粉的水解程度，以此判断pH对酶活性的影响。检查淀粉水解的方法同“温度对酶活性的影响”。

【实验材料】

1. 样品　唾液。

2. 试剂

（1）0.8%淀粉液：称取0.8g淀粉，用蒸馏水溶解并定容至100ml。

（2）碘液：称取4g碘，6g碘化钾，用蒸馏水溶解并定容至100ml。

（3）1/15mol/L磷酸盐缓冲液。

1）A液（1/15mol/L磷酸氢二钠溶液的配制）：称取磷酸氢二钠11.87g，用蒸馏水溶解，定容至1000ml。

2）B液（1/15mol/L磷酸二氢钾溶液的配制）：称取磷酸二氢钾9.08g，用蒸馏水溶解，定容至1000ml。

3）取A液0.1ml、B液9.9ml混合，即为pH 4.91的1/15mol/L磷酸盐缓冲液。

4）取A液5ml、B液5ml混匀，即为pH 6.81的1/15mol/L磷酸盐缓冲液。

5）A液10ml，即为pH 8.18的1/15mol/L磷酸盐缓冲液。

3. 器材 恒温水浴箱，毛细吸管，白瓷反应板，烧杯，胶头滴管，吸量管，试管等。

【实验步骤】

1. 收集唾液 方法同“温度对酶活性的影响”。

2. 酶活性的测定 取3支试管，按表3-16操作。

表3-16 pH对唾液淀粉酶活性检测操作表

加入物	1号管	2号管	3号管
磷酸盐缓冲液（ml）	2（pH 4.91）	2（pH 6.81）	2（pH 8.18）
0.8% 淀粉液（ml）	2	2	2
稀释唾液（滴）	10	10	10

将各管混匀，反应时间以第2管内的液体与碘不显色时为准（检测方法同“温度对酶活性的影响”中的“保温时间的确定”），向各管中加稀碘液1滴，摇匀并观察各管颜色，判断唾液淀粉酶的最适pH。

【思考题】

1. 环境pH是如何影响酶促反应速度的？

2. 最适pH是酶的特征性常数吗？为什么？

三、激动剂和抑制剂对酶活性的影响

【实验目的】

（1）掌握激动剂、抑制剂对酶活性的影响。

（2）掌握激动剂、抑制剂的概念。

【实验原理】

能使酶活性增加的物质称为激动剂；能与酶结合使酶活性降低或失活的物质称为抑制剂。本实验以唾液淀粉酶为例，通过观察淀粉水解程度来判断激动剂、抑制剂对酶活性的影响。检查淀粉水解的方法同“温度对酶活性的影响”。

【实验材料】

1. 样品 唾液。

2. 试剂

（1）0.8%淀粉液：称取0.8g淀粉，用蒸馏水溶解并定容至100ml。

（2）碘液：称取4g碘，6g碘化钾，用蒸馏水溶解并定容至100ml。

（3）1%NaCl：称取1g NaCl，用蒸馏水溶解并定容至100ml。

（4）1%$CuSO_4$：称取1g $CuSO_4$，用蒸馏水溶解并定容至100ml。

（5）1%Na_2SO_4：称取1g Na_2SO_4，用蒸馏水溶解并定容至100ml。

3. 器材　恒温水浴箱，毛细吸管，白瓷反应板，试管，胶头滴管，烧杯等。

【实验步骤】

1. 收集唾液　方法同前。

2. 酶活性的测定　取试管4支，按表3-17操作。

表3-17　激动剂、抑制剂对唾液淀粉酶活性检测操作表（滴）

加入物	1号管	2号管	3号管	4号管
0.8%淀粉液	20	20	20	20
1%NaCl	2	—	—	—
1%$CuSO_4$	—	2	—	—
1%Na_2SO_4	—	—	2	—
蒸馏水	—	—	—	2
稀释唾液	10	10	10	10

将各管摇匀，反应时间以1号管内的液体与碘不显色时为准（检测方法同“温度对酶活性的影响”中的“保温时间的确定”），向各管加稀碘液1滴，摇匀观察各管颜色，判断唾液淀粉酶的激动剂和抑制剂。

【思考题】

1. 为什么通过检查1号管的颜色来决定反应时间？

2. 3号管中加入Na_2SO_4起什么作用？设计4号管的意义又是什么？

实验十二　丙二酸对琥珀酸脱氢酶活性的影响

【实验目的】

（1）掌握竞争性抑制作用的概念及特点。

（2）学习竞争性抑制作用的判断方法。

【实验原理】

琥珀酸脱氢酶能催化琥珀酸脱氢，生成延胡索酸。在隔绝空气的条件下，从琥珀酸脱下的氢可将蓝色的甲烯蓝（亚甲蓝）还原成无色的甲烯白。

丙二酸是琥珀酸脱氢酶的竞争性抑制剂。因它与琥珀酸的分子结构相似，故能与琥珀酸竞争琥珀酸脱氢酶的活性中心。丙二酸与酶结合后，酶活性受到抑制，影响琥珀酸的脱氢反应。抑制程度的大小由抑制剂（I）与底物（S）两者浓度的比例决定。

本实验以甲烯蓝为受氢体，在隔绝空气的条件下，琥珀酸脱氢酶的活性改变可以甲烯蓝的褪色程度来判断，并可借此观察丙二酸对琥珀酸脱氢酶活性的抑制程度。

$$HOOC—CH_2—CH_2—COOH + MB \rightarrow HOOC—CH═CH—COOH + MB \cdot 2H$$

琥珀酸　　　　甲烯蓝(蓝色)　　　　延胡索酸　　　　甲烯白(无色)

【实验材料】

1. 样品　新鲜肝组织。

2. 试剂

（1）0.2mol/L 丙二酸：称取20.8g丙二酸，溶于1L 蒸馏水中。

（2）0.02mol/L 丙二酸：取0.2mol/L丙二酸，用蒸馏水稀释10倍。

（3）0.2mol/L 琥珀酸：称取23.6g琥珀酸，溶于1L蒸馏水中。

（4）0.02mol/L 琥珀酸：取0.2mol/L琥珀酸，用蒸馏水稀释10倍。

（注：以上4种溶液用1mol/L NaOH调pH至7.4。也可用丙二酸钠及琥珀酸钠来配制。）

（5）1/15mol/L pH 7.4的磷酸缓冲液：取0.067mmol/L Na_2HPO_4 80.8ml和0.067mmol/L KH_2PO_4 19.2ml，混合即可。

（6）0.02%甲烯蓝：称取0.2g甲烯蓝溶于100ml无水乙醇中，再定容至1L。

3. 器材　研钵，纱布，烧杯，试管，胶头滴管，试管，剪刀，恒温水浴箱等。

【操作步骤】

（1）酶提取液的制备：取新鲜肝组织5g置于研钵中剪碎，加入1/15mol/L pH 7.4的磷酸盐缓冲液15ml（可分两次加入），充分研磨，使其成为匀浆，用纱布过滤收集于烧杯中，即得酶提取液。

（2）取试管5支，按表3-18操作。

表3-18　丙二酸对琥珀酸脱氢酶活性影响加样表（滴）

加入物	1 号管	2 号管	3 号管	4 号管	5 号管
酶提取液	30	30	30	30	—
0.2mol/L 琥珀酸	10	10	10	—	10
0.02mol/L 琥珀酸	—	—	—	10	—
0.2mol/L 丙二酸	—	10	—	10	—
0.02mol/L 丙二酸	—	—	10	—	—
蒸 馏 水	10	—	—	—	40
0.02% 甲烯蓝	4	4	4	4	4

（3）将上述各试管摇匀，室温下观察各管的褪色顺序和褪色程度。通过[I]/[S]值与抑制程度的关系，判断抑制类型。

【注意事项】

（1）酶提取液的制备也可通过捣碎机来完成。

（2）加入甲烯蓝混匀后不要再摇动试管。

（3）室温较低时，也可将试管放在37℃水浴中观察结果。

【思考题】

1. 根据上述结果讨论：丙二酸对琥珀酸脱氢酶的活性有何影响？这种影响属于哪种类型的？

2. 比较变性剂与抑制剂的区别。

3. 酶的竞争性抑制作用在临床上有哪些应用？

4. 比较竞争性抑制、非竞争性抑制及反竞争性抑制三种可逆性抑制作用的特点。

实验十三　酶的米氏常数（K_m）测定

酶的米氏常数（K_m）是酶促反应动力学中一个重要的动力学参数，是酶的特征性常数。酶促反应的v对[S]作图呈矩形双曲线，从此曲线上很难准确求得K_m值，而通过将米氏方程转变为线性方程进行作图分析，即可准确求得K_m值。包括林-贝（Lineweaver-Burk）作图法（又称为双倒数作图法）、Hanes-Woolf作图法、Eadie-Hofstee作图法等，其中双倒数作图法最为常用。大多数酶的K_m值为10^{-6}～10^{-2}mol/L。

一、碱性磷酸酶K_m值的测定（双倒数作图法）

【实验目的】

（1）掌握底物浓度对酶活性的影响。

（2）掌握双倒数作图法测K_m值的原理及方法。

【实验原理】

将米氏方程的两边同时取倒数，并加以整理得到线性方程式，即林-贝方程。

$$v=\frac{v_{max}[S]}{K_m+[S]}$$

（米氏方程）

⇓ 两边取倒数

$$1/v=\frac{K_m}{v_{max}}1/[S]+1/v_{max}$$

（林-贝方程）

以$1/v$和$1/[S]$分别为纵坐标和横坐标作图。图中直线与纵坐标的交叉点为$1/v_{max}$，而直线延长到与横坐标的交叉点为$-1/K_m$，根据该数值即可算出酶的K_m值，见图3-2。

碱性磷酸酶（alkaline phosphatase，AKP）是一种催化磷酸酯键水解的酶，本实验以磷酸苯二钠作为底物，由AKP催化其水解，生成游离酚和磷酸盐。一定条件下，酚的生成量和反应速度成正比。酚在碱性条件下与4-氨基安替比林、铁氰化钾（催化剂）作用后，生成红色的醌衍生物，红色的深浅和酚的含量成正比，可用分光光度法测定酚的生

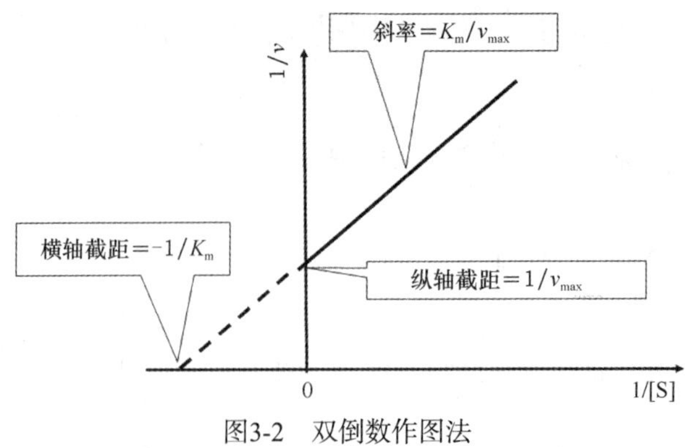

图3-2　双倒数作图法

成量，从而可算出酶促反应速度，化学反应式如下所示。

$$C_6H_5\text{—O—}P(=O)(ONa)\text{—ONa} + H_2O \xrightarrow{\text{碱性磷酸酶}} C_6H_5\text{—OH} + HO\text{—}P(=O)(ONa)\text{—ONa}$$

$$C_6H_5\text{—OH} + \text{4-氨基安替比林} \xrightarrow[\text{碱性条件}]{K_3Fe(CN)_6} \text{醌衍生物}$$

4-氨基安替比林　　　　醌衍生物

本实验通过测定不同底物浓度对APK活性的影响，用双倒数作图法求AKP的K_m值。

【实验材料】

1. 试剂

（1）标准酚溶液（0.1mg/ml）：称取重蒸酚100mg，用pH 8.8的Tris缓冲液配制成1000ml。

（2）0.04mol/L底物液：称取磷酸苯二钠（$C_6H_5PO_4Na_2 \cdot 2H_2O$）15.16g或磷酸苯二钠（无结晶水）8.72g，用煮沸冷却的蒸馏水溶解，稀释至1000ml。加氯仿4ml，盛于棕色瓶中，冰箱内保存，可用1周。

（3）0.1mol/L pH 10的碳酸盐缓冲液：称取无水碳酸钠6.36g及碳酸氢钠3.36g，溶于蒸馏水中，稀释至1000ml。

（4）酶液：称取纯制的碱性磷酸酶5mg，用0.01mol/L的pH 8.8的Tris缓冲液配制成100ml，于冰箱中保存。

（5）碱性溶液：量取0.5mol/L氢氧化钠溶液与0.5mol/L碳酸钠溶液各20ml，混合后加蒸馏水至100ml。

（6）0.3%的4-氨基安替比林溶液：称取4-氨基安替比林0.3g及碳酸氢钠4.2g，用蒸馏水溶解稀释至100ml，置于棕色瓶中，于4℃保存。

（7）0.5%铁氰化钾溶液：称取铁氰化钾5g和硼酸15g，各溶于400ml蒸馏水中，溶解后两液混合，再加蒸馏水溶至1000ml，置于棕色瓶中，暗处保存。

（8）0.01mol/L pH 8.8的Tris缓冲液：称取三羟甲基氨基甲烷12.1g，用蒸馏水溶解并稀释至1000ml，即为0.1mol/L Tris溶液。取该溶液100ml，加蒸馏水790ml，再加0.1mol/L乙酸钠溶液100ml，混匀后用1%乙酸调节pH至8.8，用蒸馏水稀释至1000ml。

（9）0.1mol/L乙酸钠溶液：称取乙酸钠8.2g溶于蒸馏水中，稀释至1000ml。

2. 器材　试管，移液管，微量加样器及吸头，恒温水浴箱，722型分光光度计等。

【实验步骤】

取试管7支，按表3-19操作。

表3-19　碱性磷酸酶活性测定操作表（ml）

所加试液	空白	1号管	2号管	3号管	4号管	5号管	标准管
标准酚溶液（0.1mg/ml）	—	—	—	—	—	—	0.20
0.04mol/L底物液	—	0.05	0.10	0.20	0.30	0.40	—
0.1mol/L pH 10的碳酸盐缓冲液	0.70	0.70	0.70	0.70	0.70	0.70	0.70
蒸馏水	1.20	1.15	1.10	1.00	0.90	0.80	1.10
37℃水浴保温5min							
酶液	0.10	0.10	0.10	0.10	0.10	0.10	—
各管混匀后在37℃水浴准确保温15min							
碱性溶液	1.0	1.0	1.0	1.0	1.0	1.0	1.0
0.3%的4-氨基安替比林溶液	1.0	1.0	1.0	1.0	1.0	1.0	1.0
0.5%的铁氰化钾溶液	2.0	2.0	2.0	2.0	2.0	2.0	2.0

注：按相同顺序向各管中加入酶液和碱性溶液，保证各管反应时间相同。

充分混匀，室温放置10min，以空白管调零，于波长510nm处比色，读取各管吸光度。

【结果与计算】

1. 计算

$$\text{底物浓度}[S]（\text{mol/L}）=\frac{\text{底物液浓度}（0.04\text{mol/L}）\times\text{各管加的体积}（\text{ml}）}{\text{总反应体积}（2\text{ml}）}$$

$$\text{反应速度}v（\text{mg酚/min}）=\frac{\text{各测定管吸光度}}{\text{标准管吸光度}}\times 0.2\times 0.1\times\frac{1}{15}$$

2. 结果

（1）各项结果

	1号管	2号管	3号管	4号管	5号管
底物浓度 [S]（mol/L）					

续表

	1 号管	2 号管	3 号管	4 号管	5 号管
1/[S]					
吸光度（A）					
$1/A$					
反应速度 v（mg 酚 /min）					
$1/v$					

（2）以$1/v$对1/[S]作图，从图上求出AKP的K_m值。

【注意事项】

（1）所用试管必须干燥、干净。

（2）准确吸取底物液和酶液。

（3）加入酶液后尽可能保证各管的反应时间相同，均为15min。

（4）在37℃水浴中准确保温15分钟后立即加入碱性溶液，以终止反应。

【思考题】

1. 加入酶液前，为什么要在37℃水浴中保温5min？ 加完酶液后，为什么要保证各管的反应时间均为15min？

2. 底物浓度对酶活性有何影响？

3. 什么是K_m？ K_m的意义有哪些？

二、过氧化氢酶K_m值测定（Hanes-Woolf作图法）

【实验目的】

熟悉Hanes-Woolf作图法求K_m的原理及方法。

【实验原理】

该作图法是将米氏方程两边求倒数后，再乘以[S]，得

$$[S]/v=\frac{[S]}{v_{max}}+K_m/v_{max}$$

以[S]/v对[S]作图得到一直线，其延长线与X轴的截距即为$-K_m$，如图3-3所示。

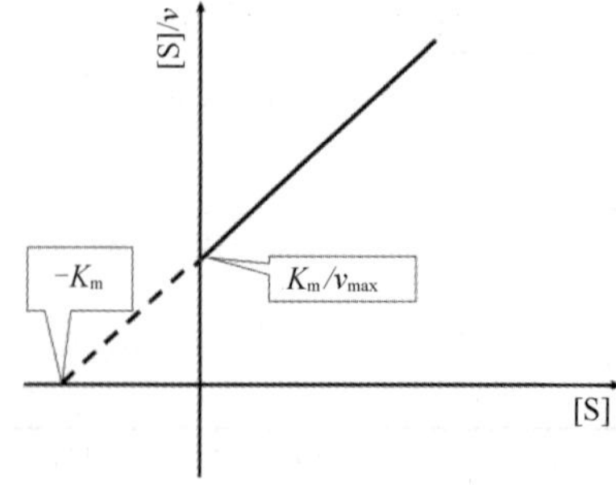

图3-3 Hanes-Woolf作图法

本实验测定红细胞中过氧化氢酶（catalase，CAT）的K_m值。过氧化氢酶可催化H_2O_2的分解：$2H_2O_2 \longrightarrow O_2\uparrow + 2H_2O$，当反应一定时间后，剩余的$H_2O_2$浓度可在硫酸存在的条件下用$KMnO_4$滴定测得，反应式为

$$2KMnO_4 + 5H_2O_2 + 3H_2SO_4 \longrightarrow 2MnSO_4 + K_2SO_4 + 5O_2\uparrow + 8H_2O$$

底物（H_2O_2）的不同浓度[S]已知，只要测出反应体系前后的浓度差，就可计算出反应速度v，从而通过Hanes-Woolf作图法就可求出过氧化氢酶的K_m值。

【实验材料】

1. 样品 新鲜肝素抗凝血液。

2. 试剂

（1）0.05mol/L草酸钠标准液：将草酸钠于100～105℃烘12h，冷却后，准确称取0.67g，用水溶解后倒入100ml容量瓶中，加入浓H_2SO_4 5ml，加蒸馏水至刻度，充分混匀，此液可储存数周。

（2）0.02mol/L $KMnO_4$储存液：称取$KMnO_4$ 3.4g，溶于1000ml蒸馏水中。加热搅拌，待全部溶解后，用表面皿盖住，在低于沸点温度上加热数小时，冷却后放置过夜，用玻璃丝过滤布过滤，于棕色瓶中保存。

（3）0.004mol/L $KMnO_4$应用液：取0.05mol/L草酸钠标准液20ml，置于锥形瓶中，加浓$H_2SO_4$1ml，于70℃水浴中用$KMnO_4$储存液滴定至微红色，根据滴定结果算出$KMnO_4$储存液的标准浓度，稀释成0.004mol/L。每次稀释都必须重新标定储存液。

（4）0.08mol/L H_2O_2溶液：取20%H_2O_2 40ml于1000ml容量瓶中，加蒸馏水至刻度，临用时用0.004mol/L $KMnO_4$标定，稀释至所需浓度。

（5）0.2mol/L pH 7.0的磷酸盐缓冲液：量取0.2mol/L NaH_2PO_4溶液390ml和0.2mol/L Na_2HPO_4溶液610ml，混合即可。

（6）25%的H_2SO_4溶液：量取浓硫酸130ml，缓慢加入370ml蒸馏水中，边加边搅拌，混匀后置于试剂瓶内保存。

3. 器材 酸式滴定管，容量瓶，锥形瓶，移液管，滴管，恒温水浴箱等。

【实验步骤】

1. 稀释血液 吸取肝素抗凝血液0.1ml于10ml容量瓶中，用蒸馏水稀释至10ml，混匀。取此稀释血液1.0ml于10ml容量瓶中，用0.2mol/L pH 7.0的磷酸盐缓冲液稀释至10ml，得1：1000的稀释血液。血液应在实验当天稀释（长时间不用需保存在4℃下）。

2. H_2O_2浓度的标定 取洁净的锥形瓶2只，各加浓度为0.08mol/L H_2O_2溶液2.0ml和25%的H_2SO_4溶液2.0ml，分别用0.004mol/L $KMnO_4$应用液滴定至微红色，用滴定消耗的$KMnO_4$体积（2瓶样品的平均值）求出H_2O_2浓度（mol/L）。

3. 反应速度的测定 取5只50ml干燥洁净的锥形瓶，编号后按表3-20操作。

表3-20　过氧化氢酶活性测定操作表（ml）

试剂	1号瓶	2号瓶	3号瓶	4号瓶	5号瓶
0.08mol/L H_2O_2	0.5	1.0	1.5	2.0	2.5
蒸馏水	3.0	2.5	2.0	1.5	1.0
混匀后，37℃水浴5min					
1：1000稀释血液	0.5	0.5	0.5	0.5	0.5
边加边摇，继续置于37℃水浴中准确保温5min					
25%的H_2SO_4溶液	2.0	2.0	2.0	2.0	2.0

注：25%的H_2SO_4溶液也是边加边摇，使反应立即终止。

最后用0.004mol/L $KMnO_4$应用液滴定各瓶至微红色，记录$KMnO_4$的消耗量（ml）。

【结果与计算】

1. 计算

（1）底物（H_2O_2）浓度（mol/L）：

$$[S]（mol/L）=\frac{H_2O_2浓度（mol/L）\times 加入H_2O_2的体积（ml）}{反应总体积4ml}$$

（2）反应速度（以反应5min之内被消耗的H_2O_2的毫摩数表示）v=加入的H_2O_2（mmol）—剩余的H_2O_2（mmol）

=H_2O_2浓度（mol/L）×H_2O_2加入的体积（ml）−$KMnO_4$浓度（mol/L）×$KMnO_4$消耗的体积（ml）×5/2

（注：式中的5/2是$KMnO_4$和H_2O_2反应中物质的量的换算系数）

（3）求K_m值：以各瓶[S]为横坐标，[S]/v为纵坐标，利用Hanes-Woolf作图法来求出K_m值。

2. 结果

（1）各项计算结果

计算项目	1 号瓶	2 号瓶	3 号瓶	4 号瓶	5 号瓶
①加入 H_2O_2 的体积（ml）					
②加入 H_2O_2 的毫摩数 = ① ×0.08					
③ [S]= ② ÷4					
④反应后 $KMnO_4$ 的滴定体积（ml）					
⑤剩余 H_2O_2 的毫摩数 = ④ ×0.004×5/2					
⑥反应速度 v= ② – ⑤					
⑦ [S]/v= ③ ÷ ⑥					

（2）以[S]/v对[S]作图，从图上求出过氧化氢酶的K_m值。

【注意事项】

（1）滴定管在使用前应检查是否渗漏。

（2）滴定过程中要逐滴加入，边加边摇锥形瓶，让反应充分。

（3）加完稀释血液后，要准确保温5min。

【思考题】

为什么加入稀释血液后，每个锥形瓶都要准确保温5min？如时间不准确，会有什么情况出现？

实验十四 乳酸脱氢酶的组分及作用

【实验目的】

（1）掌握乳酸脱氢酶及其辅酶的作用。

（2）学习酶蛋白和辅酶的分离方法。

【实验原理】

乳酸脱氢酶（LDH）属于结合酶类，由酶蛋白和辅酶Ⅰ（NAD^+）组成，其能催化乳酸脱氢，脱下的氢可依次传递给NAD^+、黄酶等递氢体，并在细胞色素体系作用下最终传递给氧。若无氧但有适当受氢体，乳酸的脱氢反应也可进行。

本实验以甲烯蓝（蓝色）为受氢体。甲烯蓝如接受氢则变为甲稀白（无色），所以可借助甲烯蓝的褪色情况来判断乳酸脱氢反应是否发生。

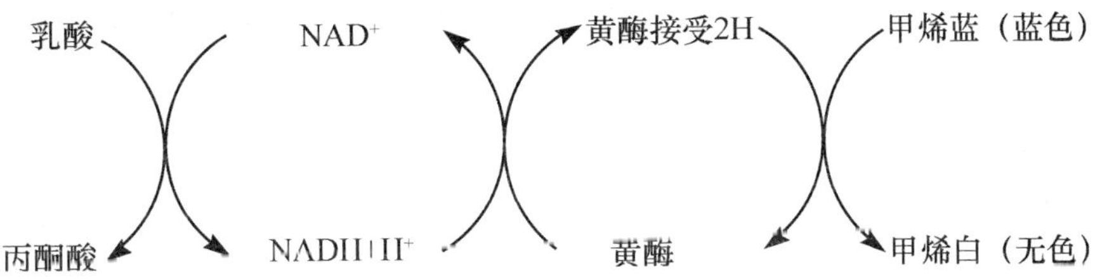

【实验材料】

1. 样品 新鲜猪肝。

2. 试剂

（1）1%乳酸钠溶液：称取2g乳酸钠固体，加ddH_2O溶解，并定容至100ml，于室温下保存。

（2）1/15mol/L Na_2HPO_4溶液：称取24g磷酸氢二钠晶体颗粒，溶于ddH_2O中，定容至1L，备用。

（3）0.02%甲烯蓝溶液：称取0.02g甲烯蓝固态粉末，溶于100ml ddH_2O中，备用。

（4）活性炭。

3. 器材 研钵，剪刀，试管，纱布，移液管，台式天平，离心机，恒温水浴箱，玻璃棒等。

【实验步骤】

（1）酶提取液的制备：取新鲜猪肝6g在研钵中剪碎，加1/15mol/L Na_2HPO_4溶液

3～5ml，将肝组织初步研磨成匀浆，再加入1/15mol/L $Na_2HPO_4$15ml，继续研磨使均匀，用纱布过滤备用。

（2）酶蛋白液的制备：于小试管中加入5ml酶提取液，加活性炭约0.5g（吸附NAD^+），用玻璃棒搅动，并放置0.5h。在2500r/min下离心5min除去活性炭，留取上清液，弃去沉淀，此时所得上清液即为不含NAD^+的LDH酶蛋白液。

（3）NAD^+液的制备：取5ml酶提取液于小试管中，置沸水浴中加热10min，以破坏酶蛋白活性。冷却后，在2500r/min下离心5min，留取上清液，此时所得上清液即为不含酶蛋白的NAD^+液。

（4）取小试管4支，按表3-21操作。

表3-21　乳酸脱氢酶组分鉴定操作表（滴）

加入物	1号管	2号管	3号管	4号管
酶提取液	10	—	—	—
酶蛋白液	—	10	—	10
NAD^+液	—	—	10	10
1%乳酸钠溶液	10	10	10	10
1/15mol/L Na_2HPO_4溶液	10	10	10	10
0.02%甲烯蓝	2	2	2	2

将各管迅速混匀，置37℃水浴中保温，观察颜色变化，记录甲烯蓝褪色的顺序和程度。

【注意事项】

（1）甲烯白容易被空气氧化而变为甲烯蓝，所以保温观察期间不宜振荡试管。

（2）加入活性炭去除NAD^+时，不宜剧烈搅拌，以免酶蛋白变性。

【思考题】

1. 解释4个试管的结果。

2. 简述结合酶的组成和作用。

3. 为什么制备辅酶溶液时要加热而制备酶溶液时不能加热？

实验十五　血中葡萄糖含量的测定（邻甲苯胺法）

【实验目的】

掌握邻甲苯胺法测血糖浓度的原理及方法。

【实验原理】

葡萄糖在热的乙酸溶液中与邻-甲苯胺缩合，生成蓝绿色的席夫（Schiff）碱，颜色的深浅与葡萄糖的含量成正比。

由于邻-甲苯胺只与醛糖作用而显色，而血中的醛糖又主要是葡萄糖，故此法测出的血糖接近真正的葡萄糖。正常参考值为3.9～6.11mmol/L。

【实验材料】

1. 样品　抗凝全血。

2. 试剂

（1）葡萄糖标准储存液（100mmol/L）：称取1.802g无水葡萄糖（预先置于80℃烤箱内干燥恒重，移置干燥器中保存），用12mmol/L苯甲酸溶液80ml溶解并移入100ml容量瓶内，再以12mmol/L苯甲酸溶液稀释至刻度，放置2h后方可应用。

（2）葡萄糖标准应用液（5.0mmol/L）。

（3）邻甲苯胺试剂：硫脲（A.R.）2.5g溶于750ml冰醋酸（A.R.）中。将此溶液移入1000ml容量瓶中，加邻甲苯胺150ml、0.4mol/L硼酸溶液100ml，加冰醋酸定容至1000ml。置棕色瓶中，可保存两个月。

3. 器材　容量瓶，试管，刻度吸量管，恒温水浴箱，离心机，722型分光光度计等。

【实验步骤】

1. 标本准备　抗凝全血，2500r/min离心15min，取上清血浆备用。

2. 葡萄糖标准应用液的制备　取100ml容量瓶1个，加入葡萄糖标准储存液5.0ml，再用蒸馏水稀释至刻度，混合。此葡萄糖浓度为5.0mmol/L。

3. 血糖浓度测定　取3支试管，按表3-22操作。

表3-22　血糖含量测定加样表（ml）

加入物	空白管	标准管	测定管
蒸馏水	0.1	—	—
葡萄糖标准应用液	—	0.1	—
血浆	—	—	0.1
邻-甲苯胺显色剂	3.0	3.0	3.0

各管混匀后置沸水浴中15min，取出，在流水中冷却。以空白管调零，于630nm波长处读取各管吸光度。

【结果与计算】

按下式计算血浆中葡萄糖的浓度。

$$\text{血糖浓度（mmol/L）}=\frac{\text{测定管吸光度}}{\text{标准管吸光度}}\times 5$$

【注意事项】

（1）由于邻甲苯胺试剂中乙酸浓度很高，比色时切勿将比色液洒入分光光度计内，否则易损坏仪器。

（2）此法受煮沸时间、比色时间等因素影响，故测定时样品的煮沸时间和比色时间要与标准管一致。

【思考题】

1. 简述血糖的来源和去路。

2. 血糖测定的临床意义主要有哪些？

实验十六　饥饿和饱食对肝糖原含量的影响

【实验目的】

（1）学会组织中糖原定量测定的方法。

（2）通过实验观察饥饿和饱食对肝糖原含量的影响。

【实验原理】

肝糖原的含量通常约占肝重的5%。许多因素可影响肝糖原的含量，如饱食后肝糖原增加，饥饿时则肝糖原逐渐减少。本实验采用蒽酮显色法测定肝糖原的含量。先将肝组织置于浓碱中加热，破坏其他成分而保留肝糖原；再用浓硫酸使肝糖原脱水生成糠醛衍生物，后者与蒽酮作用可形成蓝棕色化合物。在一定条件下，生成化合物颜色的深浅与肝糖原的含量成正比，可与同法处理的标准葡萄糖溶液进行比色定量。

【实验材料】

1. 样品　饥饿和饱食小鼠的肝脏。

2. 试剂

（1）0.9%NaCl溶液：称取9g NaCl，溶解在大约200ml蒸馏水中，充分搅拌，最后加蒸馏水定容到1000ml。

（2）30%KOH溶液：称取30g KOH，溶解在50ml水中，充分搅拌，最后加蒸馏水定容到100ml。

（3）葡萄糖标准液（0.1mg/ml）。

（4）0.2%蒽酮：于浓硫酸（A.R.，相对密度1.84）100ml中加蒽酮0.2g，此试剂不稳定，以当日配用为宜，在冰箱中保存时可用2～3天。

3. 器材　试管及试管架，恒温水浴箱，手术剪刀，镊子，滤纸，天平，容量瓶，吸量管，722型分光光度计等。

【实验步骤】

1. 准备动物　选择体重在25g以上的健康小白鼠，随机分成两组。

（1）饥饿组：实验前严格禁食30h（单独放置于铁丝笼中，不要用锯木屑铺垫，以免小鼠啃食而影响实验结果，只给饮水）。

（2）饱食组：正常摄食、饮水。

2. 处死动物　用颈椎脱位法处死动物，立即剖腹取出肝脏，用0.9%NaCl溶液洗血污后用滤纸吸干水分，用天平准确称取饥饿鼠肝组织0.6g，饱食鼠肝组织0.4g（称重不同以避免测量的吸光度值过高或过低）。

3. 糖原提取　取15ml大试管2支，编号，各加入30%KOH 1.5ml，将称取的饥饿和饱食鼠肝组织用镊子分别放入2支试管中。置沸水浴中煮沸20min，每隔5min振摇试管1次（使之充分混合）。待肝组织全部溶解后取出冷却（注：肝组织必须在沸水浴中全部溶解，否则会影响比色），将各管内容物分别全部移入2只100ml容量瓶中（用蒸馏水洗涤试管，一并收入容量瓶内），定容至刻度，仔细混匀（定量转移时，吸取量要准确）。

4. 糖原测定　取试管4支，编号，按表3-23操作。

表3-23　糖原测定加样表（ml）

加入物	空白管	标准管	饥饿管	饱食管
糖原提取液	—	—	0.5	0.5
葡萄糖标准液		0.5	—	—
蒸馏水	1.0	0.5	0.5	0.5
0.2% 蒽酮	2.0	2.0	2.0	2.0

混匀，置沸水浴中10min，冷却，以空白管调零，于620nm波长处读取吸光度。

【结果与计算】

按下式计算糖原量。

$$100\text{g肝组织含糖原量（g）}=\frac{\text{测定管吸光度}}{\text{标准管吸光度}}\times 1\times 0.1\times\frac{100}{1}\times 1.11\times\frac{100}{\text{肝重}}\times\frac{1}{1000}$$

（注：1.11是此法测得葡萄糖含量换算为糖原含量的常数，即111μg糖原用蒽酮试剂显色相当于100μg葡萄糖用蒽酮试剂所显示的颜色。）

【注意事项】

（1）肝组织必须在沸水浴中全部溶解，否则影响比色。

（2）定量转移时吸量应准确。

【思考题】

1. 在饥饿和饱食情况下，机体是怎样调节血糖浓度的?

2. 糖原合成与糖原分解的关键酶分别是什么?

实验十七　运动对乳酸含量的影响

人体内葡萄糖经无氧氧化生成乳酸，一般情况下体内乳酸含量很少，且可经过血液运到肝脏进行糖异生，故尿中不易检出。当机体处于缺氧、休克、剧烈运动时，葡萄糖无氧氧化作用加强，血中乳酸升高，尿中乳酸也随之增加。因此乳酸的测定可以作为检测葡萄糖无氧氧化强度的一个指标。

一、运动对血中乳酸含量的影响

【实验目的】

（1）通过运动前后血中乳酸浓度的测定，可观察运动对糖代谢的影响。

（2）掌握Barker-Summerson改良法测定末梢血乳酸的原理和方法。

【实验原理】

剧烈运动可造成肌细胞氧的供应相对不足，使细胞内糖的无氧氧化增强，产生大量乳酸并透过细胞膜入血。将血液中蛋白质除去后，加浓硫酸烘热，使乳酸变成乙醛。当铜离子存在时，乙醛与对羟基联苯作用呈紫红色。用同法处理标准溶液，比色求乳酸含量。正常安静时血乳酸含量为1.1～2.2mmol/L。

【实验材料】

1. 样品 受试者运动前后的血样（末梢血）。

2. 试剂

（1）0.24mol/L NaF溶液。

（2）0.6mol/L三氯乙酸溶液。

（3）0.16mol/L $CuSO_4 \cdot 5H_2O$溶液。

（4）浓H_2SO_4（比重1.838，G.R.）。

（5）对羟基联苯液：称取对羟基联苯1.5g，用0.125mol/L NaOH溶液（0.5%）加热溶解，再以0.125mol/L NaOH溶液稀释至100ml。

（6）乳酸贮存标准液（1mg/ml）：称取无水乳酸锂106.5mg，溶于50ml蒸馏水中，加1mol/L硫酸溶液20ml，加水至100ml。置于冰箱内保存。

（7）乳酸应用标准液（20μg/ml）：取乳酸贮存标准液2ml，以蒸馏水稀释至100ml，当天配用。

3. 器材 移液器及吸头，试管，坐标纸，胶头滴管，离心机，恒温水浴箱，722型分光光度计等。

【实验步骤】

1. 血样采集 受试者在安静状态下取末梢血（运动前血），然后反复快速下蹲，运动至下肢发酸或中速跑步400～800m后即取末梢血（运动后血）。

2. 血样处理 分别取运动前后的末梢血0.02ml，立即吹入含0.24mol/L NaF 0.48ml的试管中，加入0.6mol/L三氯乙酸1.5ml，充分摇匀，在3000r/min下离心10min，分出上清液，分别取1.0ml放于两支干燥洁净试管中，标明“运动前”“运动后”。

3. 乳酸标准管制备 取试管6支，编号，按表3-24加入试剂，并将各管充分混匀。

表3-24　乳酸标准管制备加样表（ml）

加入物	空白管	1号管	2号管	3号管	4号管	5号管
0.24mol/L NaF	0.25	0.20	0.15	0.10	0.05	—
乳酸应用标准液（20μg/ml）	—	0.05	0.10	0.15	0.20	0.25
0.6mol/L 三氯乙酸	0.75	0.75	0.75	0.75	0.75	0.75
乳酸含量（μg）	0	1	2	3	4	5

4. 显色　向上述乳酸标准管及“运动前”“运动后”管中依次加入下列试剂。

（1）0.16mol/L $CuSO_4 \cdot 5H_2O$溶液4滴，混匀，然后在冰浴中加入浓H_2SO_4 6ml，边加边摇匀，置沸水浴中加热4min，立即放在冷水中使其冷却至15℃以下。

（2）各管加对羟基联苯6滴，立即摇匀，使白色絮状物散失。再放至30℃水浴中保温30min，每10min摇动试管1次，再置于沸水浴中加热90s（时间必须控制准确），取出置冷水中冷至室温。

5. 测定

（1）以空白管调零，在560nm波长处比色，记录各管的吸光度。

（2）标准曲线绘制：以各标准管的吸光度值为纵坐标，相应各管的乳酸含量为横坐标，绘制标准曲线。

（3）以“运动前”“运动后”管吸光度读数查找标准曲线，求得血中乳酸含量。

【注意事项】

（1）采血时应避免挤压，采好后立即吹入0.24mol/L NaF，并立即加入0.6mol/L三氯乙酸摇匀。

（2）浓H_2SO_4要混匀，滴加时最好在漩涡混匀器上进行。

（3）加入对羟基联苯后要立即混匀成小颗粒。

二、运动对尿乳酸含量的影响

【实验目的】

通过运动前后尿中乳酸浓度的测定，观察运动对糖代谢的影响。

【实验原理】

当机体剧烈运动时，肌肉组织因相对缺氧使葡萄糖无氧氧化作用加强，从而产生大量乳酸。大部分乳酸由血液运至肝脏进行糖异生，一部分可经肾排出。乳酸在浓硫酸中加热氧化成乙醛，乙醛与白藜芦素结合呈红色反应，尿中乳酸浓度越高，所生成的颜色就越深。

【实验材料】

1. 样品　受试者运动前后的尿液。

2. 试剂

（1）1.25g/L白藜芦素（邻二甲氧基苯）乙醇溶液。

（2）浓H_2SO_4。

（3）饱和硫酸铜溶液：将硫酸铜20g置于蒸馏水50ml中，加热溶解，冷却后有结晶析出，上清液即为饱和溶液。

（4）$Ca(OH)_2$粉末。

3. 器材　滴管，吸量管，试管，离心机，天平，恒温水浴箱等。

【实验步骤】

1. 收集尿液　受试者于实验前先排空尿液，然后静坐在实验室内20min后，收集尿液作为运动前的样品。然后饮水300～400ml，立即进行剧烈运动5～8min或中速跑步400～800m，20min后，收集尿液作为运动后样品。取等体积的两种尿液样品，分别用蒸馏水稀释3～4倍。

2. 尿液处理　取中号试管2支，标号。分别取运动前后尿液各5ml，各加饱和硫酸铜溶液0.5ml、$Ca(OH)_2$粉末0.5g，充分混匀，2500～3000r/min离心5min，收集上清液。

3. 乳酸的检测　取试管2支，按表3-25操作。

表3-25　尿中乳酸检测操作表

加入物	运动前	运动后
运动前尿（滴）	10	—
运动后尿（滴）	—	10
置冷水中冷却约 2min		
浓硫酸（ml）	3	3
置沸水浴中加热 5min，再放入冷水中冷却 3min		
白藜芦素乙醇溶液（滴）	2	2

比较两管颜色，并解释结果。

【注意事项】

（1）尿液中的糖类可以干扰乙醛与白藜芦素的呈色反应，故需先用$CuSO_4$与$Ca(OH)_2$处理尿液，以吸附糖类而去除样本中糖的干扰。

（2）加硫酸时，要缓慢沿管壁加入。

【思考题】

简述运动和静息状态下糖代谢的变化。

实验十八　血清甘油三酯的测定

【实验目的】

（1）掌握血清甘油三酯（三酰甘油）的检测原理及方法。

（2）了解血清甘油三酯检测的临床意义。

【实验原理】

血清中甘油三酯（triacylglycerol，TG）的检测原理是TG在脂蛋白脂肪酶（LPL）的作用下可以水解成甘油和脂肪酸。甘油在甘油激酶（GK）的作用下生成磷酸甘油，进一步与磷酸甘油氧化酶（GPO）作用生成磷酸二羟丙酮和H_2O_2。在过氧化物酶（POD）催化下，H_2O_2与4-氨基安替比林（4-AAP）及ESPAS［N-乙基-N-（3-磺丙基）-3-甲基苯胺］生成紫色的醌亚胺。溶液颜色深浅与TG含量成正比，通过与标准管的吸光度比较可以计算出待测样品中的TG含量。该法具有简便、快速、微量且试剂较稳定等优点。

$$TG+3H_2O \xrightarrow{LPL} 甘油+3RCOOH$$

$$甘油+ATP \xrightarrow{CK} 磷酸甘油+ADP$$

$$磷酸甘油 \xrightarrow{GPO} 磷酸二羟丙酮+H_2O_2$$

$$H_2O_2+4\text{-}APP+ESPAS \xrightarrow{POD} 醌亚胺+4H_2O$$

正常成人血清TG含量为0.11～1.69mmol/L。TG含量受饮食方式、年龄、性别等影响，具有随年龄增长而升高的趋势。TG过高与冠心病、动脉粥样硬化、高血压、糖尿病、肾病综合征等发生相关。若空腹12～14h血清中TG浓度大于2.26mmol/L，称高脂血症。

【实验材料】

1. 样品　空腹血清。

2. 试剂

（1）2.26mmol/L标准TG溶液：称取甘油三酯200mg，溶于异丙醇或丙酮中，定容至100ml。

（2）酶工作液：LPL（3000U/L），250U/L GK，0.5mmol/L ATP，150mmol/L Tris-HCl缓冲液（pH 7.6），3000U/L GPO，1000U/L POD，1mmol/L 4-氨基安替比林，3.5mmol/L胆酸钠，17.5mmol/L硫酸镁，3.5mmol/L 4-氯酚，0.1g/L Triton X-100。

3. 器材　722型分光光度计，试管，移液管，微量加样器及吸头，恒温水浴箱等。

【实验步骤】

取3支试管按表3-26操作。

表3-26　甘油三酯含量测定加样表

加入物	空白管	标准管	测定管
蒸馏水（μl）	20	—	—
标准 TG 液（μl）	—	20	—
血清（μl）	—	—	20
酶工作液（ml）	1.5	1.5	1.5

混匀，37℃孵育15min，空白管调零，在520nm波长处测定各管吸光度。

【结果与计算】

按下式计算。

$$TG浓度（mmol/L）=A_{测}/A_{标}\times 标准TG液浓度$$

【思考题】

1. 为什么糖吃多了会变胖？

2. 甘油三酯检测在临床上有何意义？

3. 据你所知，血清中除了甘油三酯还有哪些脂类物质需要检测？

实验十九　血清总胆固醇含量测定

【实验目的】

（1）学习血清总胆固醇测定的基本原理及方法。

（2）熟悉血清总胆固醇的正常范围及临床意义。

【实验原理】

血清总胆固醇包括胆固醇酯和游离胆固醇，在LDL中含量最多。无水乙醇既可使胆固醇溶解，又可使蛋白质变性沉淀，从而破坏胆固醇与蛋白质间的结合键，因此可用无水乙醇提取血清中的胆固醇。向胆固醇提取液中加入硫磷铁试剂，胆固醇与浓硫酸及三价铁作用，生成较稳定的紫红色磺酸化合物，与同样处理的标准液进行比色，即可求得样品中血清总胆固醇的含量。

【实验材料】

1. 样品　新鲜血清。

2. 试剂

（1）胆固醇标准贮存液（g/L）：精确称取干燥重结晶胆固醇100mg，溶入约80ml无水乙醇中（可稍加温助溶）。待冷却至室温后，移入容量瓶中，最后以无水乙醇补足至100ml定容。贮存在棕色瓶中，密塞瓶口，置4℃冰箱内保存。配制应用液时，应先恢复至室温。

（2）胆固醇标准应用液（0.04g/L）：取少量（6～8ml）标准贮存液恢复至室温后，取4ml放入100ml容量瓶内，用无水乙醇定容至刻度，充分混匀，贮存于棕色瓶中，置冰箱内保存备用（注意：每次使用前应恢复至室温，并充分混匀后才能使用）。

（3）铁贮存液：称取三氯化铁（$FeCl_3\cdot 6H_2O$）2.5g，溶于约50ml 870g/L浓磷酸中，并定容至100ml，混合均匀，贮于棕色瓶内，塞紧瓶口，室温内可长期保存。

（4）显色液：取铁贮存液8ml放入烧杯内，加浓硫酸（A.R.）至100ml，混匀。此液在室温中可保存6～8周。

（5）无水乙醇（A.R.）。

3. 器材　试管，微量移液器，刻度吸量管，离心机，722型分光光度计等。

【实验步骤】

1. 血清胆固醇的抽提　取小试管1支，吸取0.1ml血清放于管底，向血清吹入2.4ml无水乙醇，使血清中蛋白质分散成细小的沉淀颗粒。用力振摇10s，放置5min再摇匀，在2000r/min离心10min，将上清液移入另一洁净干燥的小试管中备用，此为抽提上清液。

2. 胆固醇含量测定　取试管3支，按表3-27操作。

表3-27　胆固醇含量测定加样表（ml）

试剂	空白管	标准管	测定管
抽提上清液	—	—	2.0
胆固醇标准应用液（0.04g/L）	—	2.0	—
无水乙醇	2.0	—	—
显色液（硫磷铁试剂）	2.0	2.0	2.0

注：加显色液时，应逐管沿管壁缓慢加入，与乙醇液分成两层后立即振摇混匀。

放置冷却10min，于520nm波长处进行比色，以空白管调零测定各管吸光度值。

【结果与计算】

$$血清胆固醇（mol/L）=A_{样品管}/A_{标准管}\times 0.04\times 2.0\times 100/0.08$$
$$=A_{样品管}/A_{标准管}\times 100$$

【注意事项】

（1）显色反应与硫磷铁试剂混合时的产热程度有关（>80℃）。因此，所用试管的口径及厚度要一致。沿管壁向各管加入硫磷铁试剂，待与乙醇分成两层后，立即混合，不可3管加完后再混合（混合的手法强度要一致）。

（2）低温时，胆固醇在乙醇中的溶解度降低，因而用无水乙醇抽提胆固醇时，在10℃以上的室温中操作为宜。

（3）胆固醇的显色反应受水分的影响很大。因此，所用的试管、吸管与比色杯均须干燥。浓硫酸放置日久，会因吸水而使呈色反应降低。

（4）胆固醇必须为纯、白色干粉，如发现结块、变色，则须重结晶。

（5）胆固醇标准贮存液及应用液均采用无水乙醇配制，必须密塞瓶口、低温保存，以防溶剂挥发。

（6）硫磷铁试剂由浓硫酸、浓磷酸配制，操作中要注意安全。比色时要防止比色液溢出比色槽而损坏仪器。

【思考题】

1. 血清胆固醇正常值及临床意义有哪些？

2. 测定时应注意哪些事项？

实验二十　酮体的生成与定性

【实验目的】

（1）掌握酮体的概念。

（2）验证酮体生成的部位并学会酮体的鉴定方法。

【实验原理】

肝脏组织中含有合成酮体的酶系，用丁酸作为底物和肝脏组织匀浆一起保温后，即有酮体生成，酮体与含有亚硝基铁氰化钠（硝普钠）的显色粉反应产生紫红色的化合物。与此对照，经同样处理的肌肉匀浆，因为缺乏酮体生成的酶，则不产生酮体，无显色反应。

【实验材料】

1. 样品　小鼠肝脏和大腿肌肉。

2. 试剂

（1）0.9%氯化钠溶液。

（2）洛克溶液：0.9g氯化钠，0.042g氯化钾，0.024g氯化钙，0.02g碳酸氢钠，0.1g葡萄糖，将以上物质混合溶解于蒸馏水中，并定容至100ml。

（3）0.5mol/L丁酸：称取4.4g丁酸，用0.1mol/L氢氧化钠溶解，并定容至100ml。

（4）1/15mol/L磷酸盐缓冲液（pH 7.6）：量取1/15mol/L磷酸氢二钠溶液86.8ml、1/15mol/L磷酸二氢钠溶液13.2ml，混匀即可。

（5）15%三氯乙酸。

（6）显色粉。

3. 器材　恒温水浴箱，普通离心机，试管，白瓷反应板，剪刀，匀浆器，天平，吸量管，镊子，胶头滴管，药匙等。

【实验步骤】

1. 组织匀浆的制备　取小白鼠一只，断头处死，迅速剖腹，取出肝脏和双侧大腿肌肉，称重，剪碎，分别放入两个匀浆器内，加入0.9%氯化钠溶液（按重量：体积=1：3）研磨成匀浆。

2. 酮体生成反应

（1）取4支试管，编号，按表3-28操作。

表3-28　酮体生成加样表（滴）

加入物	1 号管	2 号管	3 号管	4 号管
洛克溶液	15	15	15	15
0.5mol/L 丁酸溶液	30	—	30	30
1/15mol 磷酸盐缓冲液	15	15	15	15

续表

加入物	1号管	2号管	3号管	4号管
肝匀浆	20	20	—	—
肌匀浆	—	—	—	20
蒸馏水	—	30	20	—

（2）摇匀，置于37℃恒温水浴中保温40～50min。

（3）向各管加15%三氯乙酸20滴，混匀，3000r/min离心5min。取上清液备用。

3. 鉴定　分别取出上述各管上清液放入有凹的白瓷反应板上，每凹放入显色粉一小匙，观察所产生的颜色反应，记录并分析结果。

【注意事项】

（1）肝组织、肌肉研磨时注意研钵应清洗干净。

（2）取上清液放入有凹白瓷板上，每凹放入显色粉一小匙，观察所产生的颜色反应时，不能搅拌溶液。

（3）观察所产生的颜色反应时，应观察显色粉边缘液体的颜色，而不是显色粉的颜色。

【思考题】

1. 对各管实验结果进行解释。由此结果可得出什么结论？

2. 肝脏能否利用酮体？为什么？

3. 为何糖尿病患者易出现酮症？

实验二十一　转氨基作用（圆形纸层析鉴定）

【实验目的】

（1）掌握转氨基作用的原理。

（2）学习纸层析的原理及方法。

【实验原理】

转氨基作用是指氨基转移酶（转氨酶）所催化的α-氨基酸和α-酮酸之间氨基与酮基的互换作用。转氨酶分布广泛，每种α-氨基酸和α-酮酸的转氨基作用都由专一的转氨酶催化。

本实验将谷氨酸与丙酮酸和肝匀浆一起保温，在肝细胞谷丙转氨酶（glutamic-pyruvic transaminase，GPT）催化下产生丙氨酸和α-酮戊二酸。通过纸层析法鉴定产物丙氨酸的存在，证明组织内的转氨基作用。在实验中可加碘乙酸（或溴乙酸）抑制糖酵解途径中的某些酶，防止丙酮酸被氧化或还原。

$$\begin{array}{c}CH_3\\ |\\ C=O\\ |\\ COOH\end{array} + \begin{array}{c}COOH\\ |\\ CH_2\\ |\\ CH_2\\ |\\ HCNH_2\\ |\\ COOH\end{array} \overset{\text{谷丙转氨酶}}{\rightleftharpoons} \begin{array}{c}CH_3\\ |\\ HCNH_2\\ |\\ COOH\end{array} + \begin{array}{c}COOH\\ |\\ CH_2\\ |\\ CH_2\\ |\\ C=O\\ |\\ COOH\end{array}$$

丙酮酸　　　　谷氨酸　　　　　　　　丙氨酸　　　　α-酮戊二酸

纸层析是一种以滤纸为支持物的分配层析。分配层析即利用混合物中各组分在两相（固定相和流动相）中的分配系数不同而使物质分离的层析技术。当待分离物质因分配系数不同，不断在两相中进行分配后，其移动速度也产生差异。在流动相中分配趋势较大的组分，随流动相移动的速度较快；反之，在固定相中分配趋势较大的组分，移动速度较慢。经一段时间的流动和再分配，最终将不同组分分离。

不同物质的相对迁移率用比移值R_f表示。

$$R_f=\frac{\text{点样处到层析斑中心的距离}}{\text{点样处到溶剂前沿的距离}}$$

物质在一定溶液中的分配系数是一定的，故R_f也相对稳定。因此在同一层析体系中，将样品氨基酸的R_f值与已知氨基酸的R_f值比较，即可确定所分离氨基酸的种类。

【实验材料】

1. 样品　动物新鲜肝脏。

2. 试剂

（1）0.01mol/L pH 7.4的磷酸缓冲液：取0.2mol/L Na_2HPO_4溶液81ml与0.2mol/L NaH_2PO_4溶液19ml混合，用蒸馏水稀释20倍。

（2）0.25%碘乙酸：取碘乙酸0.25g，加水1ml，用5%KOH溶液调至中性，再用0.01mol/L pH 7.4的磷酸缓冲液定容至100ml（也可用溴乙酸代替碘乙酸）。

（3）1%谷氨酸溶液：谷氨酸1g，加蒸馏水20ml，用5%KOH溶液调至中性，再用0.01mol/L pH 7.4的磷酸缓冲液定容至100ml。

（4）1%丙酮酸钠溶液：丙酮酸钠1g，加0.01mol/L pH 7.4的磷酸缓冲液定容至100ml。

（5）5%三氯乙酸：取三氯乙酸5g溶于少量蒸馏水中，定容至100ml。

（6）0.1%丙氨酸：取丙氨酸0.1g，用0.01mol/L pH 7.4的磷酸缓冲液定容至100ml。

（7）0.1%茚三酮乙醇溶液：将茚三酮0.1g溶于100ml 95%乙醇中。

（8）展层剂：无水乙醇∶水∶尿素（V∶V∶V）=80∶20∶0.5。

3. 器材　圆形滤纸，毛细吸管，表面皿，培养皿，烤箱，恒温水浴箱，铅笔，尺子，匀浆器，试管，研钵，吸量管，胶头滴管，天平，滤纸条等。

【实验步骤】

1. 肝匀浆制备　取新鲜动物肝脏1g，置于研钵中，加预冷的0.01mol/L（pH 7.4）磷酸盐缓冲液4ml，研磨成匀浆。

2. 转氨基反应

（1）取两支试管，按表3-29操作。

表3-29　转氨基反应操作表（滴）

加入物	测定管	对照管
肝匀浆	10 （37℃水浴 10min）	10 （沸水浴 10min）
0.25% 碘乙酸溶液	5	5
1% 谷氨酸溶液	10	10
1% 丙酮酸钠溶液	10	10

（2）37℃水浴10min后，每管加5%三氯乙酸溶液2滴，再沸水浴5min终止反应。

3. 层析验证

（1）标记：取直径12cm的圆形滤纸一张，用铅笔从圆心画长度各1cm的端点作为点样处，并分别在各点对应的滤纸边缘标上“谷”“丙”“对”“测”字样（图3-4）。

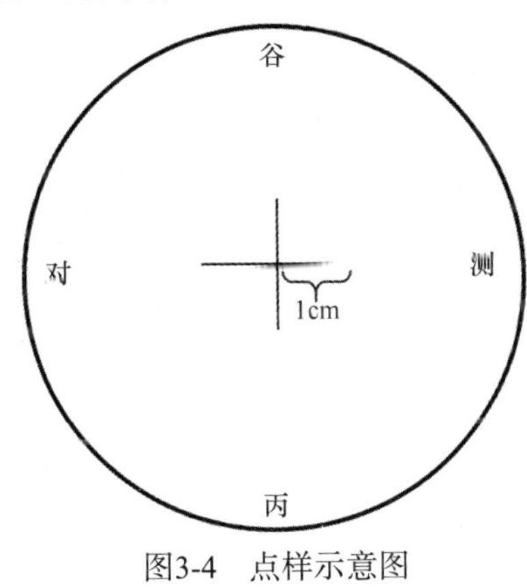

图3-4　点样示意图

（2）做灯芯：用大头针在滤纸圆心戳一小孔（直径约0.3cm），另取同类滤纸条（0.5cm × 2.5cm），卷成筒状，捻紧如灯芯，从滤纸背面插入小孔（突出滤纸面约0.5cm）。

（3）点样：取4根毛细吸管分别标记“谷”“丙”“对”“测”，分别蘸取0.1%谷氨酸、0.1%丙氨酸、对照管液和测定管液，在滤纸上相应点样处点样（点样斑点直径不超过0.3cm），待干后重复点样2～3次。

（4）层析与显色：在表面皿中加入展层剂（约3ml），将滤纸平放在装有表面皿的培养皿上，点样面向上，使灯芯浸入展层剂，另取一同样大小的培养皿反向盖上（图3-5）。

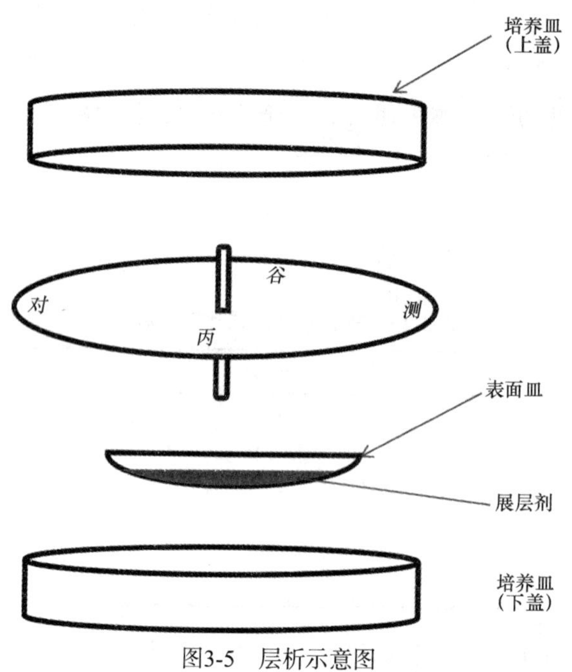

图3-5　层析示意图

待展层剂沿灯芯向滤纸四周扩散至滤纸边缘约1cm时（层析时间45～60min），即可取出。用铅笔描出溶剂前沿轮廓，放进烤箱烘干，即可见滤纸上出现紫色弧形色斑（注：显色剂茚三酮乙醇溶液已加入展层剂中）。

（5）计算R_f值：用铅笔描出色斑轮廓，测量相关数据，计算R_f值（图3-6）。

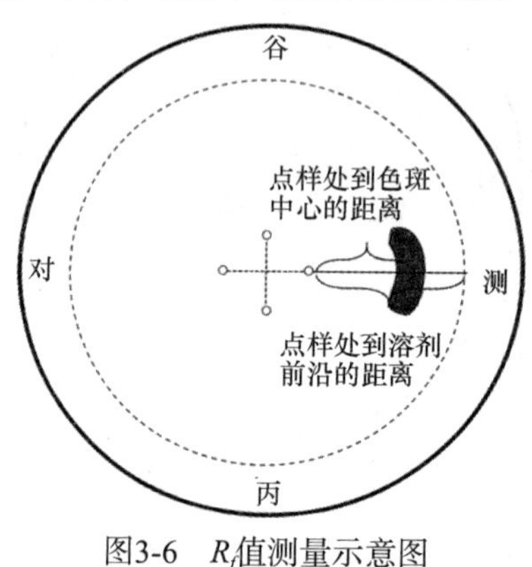

图3-6　R_f值测量示意图

【结果与计算】

计算各色斑的R_f值（表3-30）。

表3-30　R_f值计算结果表

	"谷"	"丙"	"对"	"测 1"	"测 2"
点样处到色斑中心的距离（cm）					
点样处到溶剂前沿的距离（cm）					
R_f值（色斑距离 / 溶剂距离）					

将对照管和测定管各色斑的R_f值与已知氨基酸的R_f值进行比对，确定它们各是什么氨基酸，据此解释转氨基反应。

【注意事项】

（1）接触滤纸和灯芯前要洗手并擦净，尽量手拿滤纸边缘，避免污染。

（2）滤纸保持平整，切勿折叠。

（3）点样用毛细吸管，避免混用而相互污染。

（4）点样点不宜过大，以免影响氨基酸分离。

【思考题】

1. 体内的脱氨基方式有哪些? 各有何特点?

2. 分配层析分离物质的原理是什么?

3. 为何对照管只出现一个色斑，而测定管出现2个色斑?

第四章　综合性实验

实验二十二　血清白蛋白、γ球蛋白的分离纯化与鉴定

【实验目的】

（1）学习盐析法、凝胶层析和离子交换层析分离纯化蛋白质的基本原理及应用。

（2）了解蛋白质分离纯化的总体思路。

【实验原理】

本实验采用硫酸铵盐析法初步分离血清蛋白，利用葡聚糖凝胶过滤脱盐，再经过离子交换层析进行纯化，得到较纯的白蛋白和γ球蛋白，最后用醋酸纤维素薄膜电泳鉴定白蛋白和γ球蛋白的纯度。

【实验材料】

1. 样品　新鲜血清（无溶血）。

2. 试剂

（1）0.3mol/L NH_4Ac（pH 6.5）缓冲液：取NH_4Ac 23.12g，加入去离子水800ml，滴加稀释的氨水或者乙酸调节pH至6.5，用去离子水定容至1000ml（注：未挥发的NH_4Ac呈微碱性）。

（2）0.06mol/L NH_4Ac缓冲液（pH 6.5）和0.02mol/L NH_4Ac缓冲液（pH 6.5）：用上述溶液稀释即可。

（3）1.5mol/L NaCl-0.3mol/L NH_4Ac溶液：取187.7g NaCl 溶于0.3mol/L NH_4Ac溶液（pH 6.5）中，定容至1000ml。

（4）饱和硫酸铵溶液：取$(NH_4)_2SO_4$ 850g，加入1000ml去离子水，70～80℃搅拌溶解，室温放置过夜，上清液即为饱和硫酸铵溶液。

（5）葡聚糖凝胶（G-25）：用去离子水浸泡Sephadex G-25，使蒸馏水体积是膨胀后凝胶的2～3倍，高压灭菌，4℃下保存备用。

（6）20%磺基水杨酸：取20g磺基水杨酸，用去离子水定容到100ml。

（7）1%氯化钡溶液：取1g $BaCl_2$，用去离子水定容到100ml。

（8）10%乙醇和20%乙醇：分别取10ml和20ml无水乙醇，用去离子水定容到100ml。

（9）巴比妥缓冲液（pH 8.6）：取巴比妥5.52g、巴比妥钠30.9g，用去离子水定容到2000ml。

（10）0.01mol/L PBS缓冲液（pH 7.2）：取NaCl 8g、$Na_2HPO_4 \cdot 12H_2O$ 3.23g、$NaH_2PO_4 \cdot 2H_2O$ 0.45g，加入去离子水900ml，用HCl/NaOH调溶液pH至6.7，最后定容为1000ml。

（11）0.02mol/L PBS缓冲液（pH 6.7）：取NaCl 16g、$Na_2HPO_4 \cdot 12H_2O$ 6.46g、$NaH_2PO_4 \cdot 2H_2O$ 0.9g，加入去离子水900ml，用HCl/NaOH调溶液pH至6.7，最后定容为1000ml。0.01mol/L PBS缓冲液（pH 6.7）由0.02mol/L PBS缓冲液（pH 6.7）与等体积超纯水混匀获得。

（12）DEAE纤维素：取一定量的DEAE纤维素，加入大量的去离子水浸泡过夜。使用前过滤DEAE纤维素，改用0.5mol/L NaOH溶液浸泡1h以上，抽干；用无离子水漂洗，使pH为8.0左右（用pH试纸检查）。再改用0.5mol/L HCl溶液浸泡1h以上，抽干；用无离子水洗至pH 6.0左右。再用0.02mol/L PBS缓冲液（pH 6.7）浸泡平衡后使用。

（13）醋酸纤维薄膜电泳所需试剂见实验三。

3. 器材 玻璃试管，移液管，滴管，薄棉花，玻璃棒，黑色反应板，离心机，玻璃层析柱，烧杯，点样胶片，电泳仪及电泳槽，铁架台，醋酸纤维薄膜等。

【实验步骤】

1. 盐析法粗提血清中的白蛋白和γ球蛋白

（1）白蛋白粗提液获取：取血清2.0ml加到一支15ml的离心管中，加0.01mol/L PBS液（pH 7.2）2.0ml摇匀。再逐滴加入饱和硫酸铵溶液4.0ml，边加边摇匀。静置10min，3000r/min离心10min，用滴管小心吸出上层清液，置于一干净的试管中，作为白蛋白脱盐用（尽量全部吸出，但不得有沉淀物）。

（2）γ球蛋白粗提液获取：将上一步获得的沉淀用1.0ml PBS液（0.01mol/L，pH 7.2）搅拌溶解，再逐滴加入饱和硫酸铵溶液0.5ml，混匀后静置10min，3000r/min离心10min，弃上清液。沉淀用10滴PBS液（0.01mol/L，pH 7.2）搅拌溶解，作为γ球蛋白脱盐用。

2. Sephadex G-25凝胶层析对粗提蛋白进行脱盐

（1）葡聚糖凝胶G-25装柱：取层析柱1支，垂直向下安装在铁架台上，取一片薄棉花堵住出口，并打开层析柱阀门。将处理好的葡聚糖凝胶G-25用玻璃棒搅拌均匀，匀速沿内壁倒入层析柱中，直至加满。打开阀门，将凝胶液中的去离子水放出至凝胶珠平面，再用3倍柱体积的0.02mol/L NH_4Ac缓冲液（pH 6.5）平衡柱子。

（2）白蛋白脱盐纯化：将白蛋白粗提液缓慢轻柔地滴在凝胶面上，打开阀门，调节流速至6～8滴/分钟。待白蛋白粗提液完全进入床面后，再用2倍体积的0.02mol/L NH_4Ac缓冲液（pH 6.5）洗脱。收集洗脱液，每管收集1ml，并编号。收集完成后，关闭阀门。

（3）白蛋白鉴定：各试管取1滴洗脱液，放入干净的反应板各孔中，各孔滴加1滴20%磺基水杨酸，检测是否出现沉淀（有白色沉淀就说明蛋白已经洗脱下来）。将出现沉淀的几管洗脱液留下，进一步做$BaCl_2$浓度检测。在干净的反应板各孔中依次加入前一步已证明含有蛋白的洗脱液各1滴，再依次滴入1滴$BaCl_2$，检测是否出现沉淀（无白色沉淀就说明无SO_4^{2-}，证明脱盐成功）。

（4）葡聚糖凝胶G-25柱清洗：用10倍体积的去离子水冲洗柱内葡聚糖凝胶G-25，使其脱盐脱小肽，然后用2倍体积的PBS液（0.01mol/L，pH 7.2）平衡凝胶珠。

（5）γ球蛋白脱盐纯化：将γ球蛋白粗提液缓慢轻柔地滴在凝胶面上，打开阀门，调节流速至6～8滴/分钟。待γ球蛋白粗提液完全进入床面后，再用2倍体积的PBS液（0.01mol/L，pH 7.2）洗脱。收集洗脱液，每管收集1ml，并编号。收集完成后，关闭阀门。

（6）γ球蛋白鉴定：各试管取1滴洗脱液，放入干净的反应板各孔中，各孔滴加1滴20%磺基水杨酸，检测是否出现沉淀（有白色沉淀就说明蛋白已经洗脱下来）。将出现沉淀的几管洗脱液留下，进一步做$BaCl_2$浓度检测。在干净的反应板各孔中依次加入前一步已证明含有蛋白的洗脱液各1滴，再依次滴入1滴$BaCl_2$，检测是否出现沉淀（无白色沉淀就说明无SO_4^{2-}，证明脱盐成功）。

（7）葡聚糖凝胶G-25柱清洗：用10倍体积的去离子水冲洗柱内葡聚糖凝胶G-25，使其脱盐脱小肽，再分别用2倍体积的10%乙醇和20%乙醇处理。填充20%乙醇抗菌，于4℃保存。

3. DEAE纤维素离子交换层析纯化γ球蛋白和白蛋白

（1）DEAE纤维素装柱与平衡：取层析柱一支，垂直向下安装在铁架台上，取一片薄棉花堵住出口，并打开层析柱阀门。将处理好的DEAE纤维素用玻璃棒搅拌均匀，匀速沿内壁倒入层析柱中，直至加满。打开阀门，将凝胶液中的去离子水放出至填充物水平面，再用3倍柱体积的0.02mol/L NH_4Ac缓冲液（pH 6.5）平衡柱子。

（2）γ球蛋白纯化（二次纯化）：将除盐后的γ球蛋白溶液缓慢轻柔地滴在DEAE床面上，打开阀门，调节流速至6～8滴/分钟。待γ球蛋白溶液完全进入床面后，再用3倍柱体积的PBS液（0.01mol/L，pH 7.2）洗去未结合蛋白（主要是其他球蛋白），再用2倍体积的0.02mol/L NH_4Ac缓冲液（pH 6.5）洗脱结合在DEAE纤维素上的γ球蛋白。收集洗脱液，每管收集0.5ml，并编号。收集完成后，关闭阀门。

（3）γ球蛋白鉴定：各试管取1滴洗脱液，放入干净的反应板各孔中，各孔滴加1滴20%磺基水杨酸，检测是否出现沉淀（有白色沉淀就说明白蛋白已经洗脱下来），并记录白色沉淀出现的试管编号及出现沉淀最快的试管编号（用于醋酸纤维薄膜电泳上样）。

（4）白蛋白纯化（二次纯化）：将除盐后的白蛋白溶液缓慢轻柔地滴在DEAE床面上，打开阀门，调节流速至6～8滴/分钟。待白蛋白溶液完全进入床面后，再用3倍柱体积的0.06mol/L NH_4Ac缓冲液（pH 6.5）洗去未结合蛋白（主要是球蛋白，同样可用20%磺基水杨酸鉴定以确定除去了α球蛋白、β球蛋白），再用2倍体积的1.5mol/L NaCl-0.3mol/L NH_4Ac缓冲液（pH 6.5）洗脱结合在DEAE纤维素上的白蛋白。收集洗脱液，每管收集0.5ml，并编号。收集完成后，关闭阀门。

（5）白蛋白鉴定：各试管取1滴洗脱液，放入干净的反应板各孔中，各孔滴加1滴20%磺基水杨酸，检测是否出现沉淀（有白色沉淀就说明白蛋白已经洗脱下来），并记录白色沉淀出现的试管编号及出现沉淀最快的试管编号（用于醋酸纤维薄膜电泳上样）。

（6）柱平衡：先用5倍体积的1.5mol/L NaCl-0.3mol/L NH_4Ac缓冲液（pH 6.5）洗去痕量白蛋白，再用5倍体积的0.02mol/L NH_4Ac缓冲液（pH 6.5）洗去痕量球蛋白。再用5

倍体积的PBS缓冲液（0.01mol/L，pH 6.7）使柱再生（带负电）。蛋白纯化多次后，可先用0.5mol/L NaOH浸洗（去除蛋白），然后用去离子水洗至pH 8.0左右，再用PBS缓冲液（0.01mol/L，pH 6.7）平衡柱子（带负电）。

4. 醋酸纤维薄膜电泳鉴定蛋白纯度及成分 按醋酸纤维薄膜电泳的操作步骤（见实验三），将γ球蛋白、白蛋白浓缩液与血清样品同时点样电泳。通过比较电泳图谱鉴定分离情况。

【注意事项】

（1）所用血清应该无溶血、无沉淀、无细菌污染。

（2）凝胶层析和离子交换层析上样时应该动作缓慢柔和，防止填充物被冲起；同时要防止层析柱中液体流干。

（3）层析时，应注意收集样品，勿使蛋白质峰溶液流失。

（4）Sephadex G-25价格偏贵，可回收再利用，使用完成后用10倍体积的去离子水冲洗清理。

（5）切勿将检测蛋白质的磺基水杨酸与检测硫酸根的氯化钡混淆，因它们与检测对象反应均产生白色沉淀。

（6）醋酸纤维薄膜电泳时，样品点样应在同一水平。

【思考题】

1. DEAE纤维素分离蛋白质的原理是什么？

2. 为何实验中DEAE纤维素柱分离γ球蛋白后不用再生柱子，可直接用于纯化白蛋白？

3. 醋酸纤维薄膜电泳是如何鉴定白蛋白和γ球蛋白的？它们的依据是什么？

实验二十三 碱性磷酸酶的分离纯化和比活性测定

【实验目的】

（1）掌握比活性的概念、测定原理和方法。

（2）熟悉碱性磷酸酶分离纯化的原理和主要操作方法。

【实验原理】

碱性磷酸酶（AKP）与一般蛋白质的分离纯化方法相似，常用盐析法、层析法、有机溶剂沉淀法等。通常需要多种方法配合使用，才能得到高纯度的酶。AKP的最适pH范围为8.6～10，动物中的AKP主要存在于小肠黏膜、肾、肝、骨骼、胎盘等组织的细胞膜上，血清中的AKP主要来自肝。

本实验主要利用有机溶剂沉淀法从肝匀浆中提取AKP。首先用低浓度乙酸钠溶液（可加速细胞膜破裂）制备肝匀浆，同时加入乙酸镁保护和稳定AKP活性；再加入正丁醇使部分杂蛋白变性，过滤除去杂蛋白后即为含有AKP的滤液。AKP能溶于终浓度为33%的丙酮溶液或30%的乙醇溶液中，而不溶于终浓度为50%的丙酮溶液或60%的乙醇溶液中，通过多次有机溶剂分离即可得到初步纯化的AKP。

根据国际酶学委员会规定：酶的比活性（specific activity）用每毫克蛋白质具有的酶活性单位［U/（mg · Pr）］来表示。因此，测定比活性必须测定：①每毫升样品中的蛋白质毫克数（mg/ml）；②每毫升样品中的酶活性单位数（U/ml）。酶纯度越高，比活性也越高。

本实验以磷酸苯二钠作为底物，由AKP催化其水解，生成游离酚和磷酸盐。酚在碱性条件下与4-氨基安替比林、铁氰化钾作用后，生成红色的醌衍生物，颜色深浅和酚含量成正比，在510nm处测吸光度，即可求出酚的含量。碱性磷酸酶的活性单位可定义如下：37℃保温15min，每产生1mg的酚为一个酶活性单位。蛋白质的含量测定用Folin-酚试剂法。

【实验材料】

1. 样品　新鲜兔肝。

2. 试剂

（1）0.5mol/L乙酸镁溶液：称取乙酸镁107.25g溶于蒸馏水中，稀释至1000ml。

（2）0.1mol/L乙酸钠溶液：称取乙酸钠8.2g溶于蒸馏水中，稀释至1000ml。

（3）0.01mol/L乙酸镁-0.01mol/L乙酸钠溶液：称取0.5mol/L乙酸镁溶液20ml及0.1mol/L乙酸钠溶液100ml，混合后加蒸馏水稀释至1000ml。

（4）0.01mol/L pH 8.8的Tris缓冲液：称取三羟甲基氨基甲烷12.1g，用蒸馏水溶解并稀释至1000ml，即为0.1mol/L Tris溶液。取该溶液100ml，加蒸馏水790ml，再加0.1mol/L乙酸钠溶液100ml，混匀后用1%乙酸调节pH至8.8，用蒸馏水稀释至1000ml。

（5）正丁醇、丙酮及95%乙醇，均为分析纯。

（6）AKP活性测定所需试剂见实验十三。

（7）Folin-酚试剂法测定蛋白质所需试剂见实验四。

3. 器材　研钵，移液管，量筒，试管，离心机，刻度离心管，玻璃棒，漏斗，滤纸，天平，恒温水浴箱，722型分光光度计，剪刀等。

【实验步骤】

1. AKP的分离纯化

（1）制备匀浆：称取2g新鲜兔肝置研钵中，剪碎，加入0.01mol/L乙酸镁-0.01mol/L乙酸钠溶液6ml，研磨成匀浆；将该匀浆倒入量筒中，记录其体积，此为A液。用移液管吸取A液0.1ml于试管中，加pH 8.8的Tris缓冲液4.9ml稀释，此为稀释A液（1∶50），用于比活性的测定。

（2）除杂蛋白：在A液中加入正丁醇2ml，用玻璃棒充分搅拌2min，室温放置20min，用漏斗和滤纸过滤。

（3）丙酮第一次沉淀AKP：将滤液置于刻度离心管中，加入等体积冷丙酮，立即混匀，3000r/min离心5min。弃上清液，向沉淀中加入0.5mol/L乙酸镁溶液4ml，用玻璃棒充分搅拌使其溶解，记录体积，此为B液。取B液0.1ml于试管中，加pH 8.8的Tris缓冲液4.9ml稀释，此为稀释B液（1∶50），用于比活性的测定。

（4）乙醇纯化AKP：在B液中缓慢加入冷95%乙醇溶液，使乙醇终浓度为30%，立即混匀，在3000r/min下离心5min。将上清液倒入另一支刻度离心管中，弃沉淀。在上清液中缓慢加入冷95%乙醇溶液，使乙醇终浓度为60%，立即混匀，3000r/min离心5min，弃上清液。向沉淀中加入0.5mol/L乙酸镁溶液4ml，充分搅拌使其溶解，此为C液。取C液0.2ml于试管中，加pH 8.8的Tris缓冲液3.8ml稀释，此为稀释C液（1∶20），用于比活性的测定。

（5）丙酮第二次沉淀纯化AKP：在C液中缓慢加入冷丙酮，使丙酮终浓度为33%，立即混匀，3000r/min离心5min，将上清液倒入另一支刻度离心管中，弃沉淀。在上清液中缓慢加入冷丙酮，使丙酮终浓度达50%，立即混匀，4000r/min离心10min，弃上清液。在沉淀中加入pH 8.8的Tris缓冲液4ml，溶解沉淀，即为纯化的AKP溶液，此为D液。取D液1ml于试管中，加pH 8.8的Tris缓冲液4ml，此为稀释D液（1∶5），用于比活性的测定。

2. AKP比活性的测定

（1）AKP活性的测定：取6支试管，按表4-1操作。其中测定管为4支，分别为上述AKP提取各阶段的A、B、C、D 稀释液。

表4-1　AKP活性测定操作表（ml）

试剂	空白管	标准管	测定管 A	测定管 B	测定管 C	测定管 D
pH 8.8 的 Tris 缓冲液	1.0	—	—	—	—	—
0.04mol/L 底物液	1.0	1.0	1.0	1.0	1.0	1.0
37℃水浴 5min						
0.1mg/ml 酚标准液	—	1.0	—	—	—	—
各阶段稀释液	—	—	1.0	1.0	1.0	1.0
37℃准确保温 15min						
0.5mol/L NaOH	1.0	1.0	1.0	1.0	1.0	1.0
0.3%4- 氨基安替比林	1.0	1.0	1.0	1.0	1.0	1.0
0.5% 铁氰化钾	2.0	2.0	2.0	2.0	2.0	2.0

混匀，室温放置10min，以空白管调零，测定各管在510nm处的吸光度。

（2）蛋白质含量的测定

1）取6支试管，按表4-2操作。其中测定管为4支，分别为上述AKP提取各阶段的A、B、C、D稀释液。

表4-2　蛋白质含量测定加样表（ml）

试剂	空白管	标准管	测定管 A	测定管 B	测定管 C	测定管 D
pH 8.8 的 Tris 缓冲液	1.0	—	—	—	—	—
蛋白质标准液（0.1mg/ml）	—	1.0	—	—	—	—
各阶段稀释液	—	—	1.0	1.0	1.0	1.0
碱性铜试剂	2.5	2.5	2.5	2.5	2.5	2.5

2）立即摇匀，室温放置10min。

3）每管加入0.25ml酚试剂，在2s内迅速混匀，室温放置30min。

4）以空白管调零，于波长650nm处比色，读取各管吸光度。

【结果与计算】

1. 计算

$$\text{每毫升待测酶液中的AKP活性单位数（U/ml）}=\frac{\text{测定管吸光度}}{\text{标准管吸光度}}\times\text{标准管的酚含量}\times\text{稀释倍数}$$

$$\text{待测酶液中的蛋白质浓度（mg/ml）}=\frac{\text{测定管吸光度}}{\text{标准管吸光度}}\times\text{标准管的蛋白质含量}\times\text{稀释倍数}$$

$$\text{AKP的比活性［U/（mg·Pr）］}=\frac{\text{每毫升待测酶液中AKP的活性单位数}}{\text{每毫升待测酶液中蛋白质的毫克数}}$$

2. 结果记录

分离提取各阶段	蛋白质浓度（mg/ml）	AKP 活性单位（U/ml）	比活性［U/（mg·Pr）］	纯化倍数
A 液				
B 液				
C 液				
D 液				

【注意事项】

（1）由于室温下有机溶剂能使大多数酶失活，所有分离纯化过程需在低温下进行。

（2）使用的有机溶剂要预先冷却，加入的有机溶剂要计算准确、缓慢滴加，并充分搅匀，避免局部浓度过高引起酶蛋白变性。

（3）加入有机溶剂混匀后要立即离心，不宜放置太久。离心后要立即将沉淀加入适量的缓冲液中，避免酶蛋白变性。

（4）还要注意控制溶液的pH、离子强度及蛋白质浓度。

（5）测定酶活性时，每种试剂加完后必须立即混匀，避免浑浊。

【思考题】

1. 用有机溶剂分离纯化蛋白质有哪些步骤？应注意哪些问题？

2. 测定酶的比活性有何意义？简述碱性磷酸酶的组织分布与临床意义。

实验二十四　大肠杆菌感受态细胞的制备及转化实验

【实验目的】

（1）学习氯化钙法制备感受态细胞。

（2）学习质粒DNA导入感受态细胞的转化技术。

【实验原理】

转化是指将质粒DNA导入细菌的过程。在自然条件下，细菌也可以自发地从外界获取DNA，从而获得新的遗传性状。但是这样的转化效率极低，不能满足基因工程的需要。将所用的细菌经过一些特殊方法（如电击法、$CaCl_2$等）处理后，使细菌处于容易吸收外源DNA的状态。基因工程技术中最常用的是氯化钙法。

处于对数生长期的大肠杆菌（宿主细胞、受体细胞）在低温下经$CaCl_2$处理后，细胞膜的通透性增加，更有利于摄入外源DNA，这样的细胞称为感受态细胞。转化时，外源质粒DNA在低温下与感受态细胞共同孵育，再经过短暂热激后，使DNA进入宿主细胞，进而扩增、繁殖。本实验以*E.coli* DH5α菌株为受体细胞。

【实验材料】

1. 样品　*E.coli* DH5α菌株，质粒DNA。

2. 试剂

（1）LB液体培养基：取胰蛋白胨2g、酵母提取液1g及NaCl 2g，双蒸去离子水定容至200ml，高压灭菌。

（2）LB选择性固体培养基：取胰蛋白胨2g、酵母提取液1g、NaCl 2g及琼脂糖3g，双蒸去离子水定容至200ml，高压灭菌，待温度下降至50℃左右时，加入适当的抗生素，摇匀后，在无菌状态下倒入无菌培养板中。

（3）0.1mol/L $CaCl_2$：取$CaCl_2$ 1.1g，溶于100ml双蒸去离子水中，灭菌处理。

（4）无菌甘油。

3. 器材　恒温倒置培养箱，超净台，接种环，冷冻离心机，离心管，三角烧瓶，恒温水浴箱，EP管，1.5%琼脂平板，试管，制冰机等。

【实验步骤】

1. 感受态细胞的制备（在超净台下操作）

（1）取保存于-70℃的DH5α（或其他菌种），用接种环划菌于1.5%琼脂平板上，37℃恒温倒置培养至单菌落出现（12～14h）。

（2）挑取单菌落，接种于含5ml LB培养基（无抗生素）的玻璃试管中，37℃振摇培养过夜（200～300r/min）。

（3）取1～3ml菌液加入内装200ml无抗性LB培养基的1L三角烧瓶中，于37℃振荡培养至光密度（OD_{260}）值介于0.5～0.6（稍微浑浊）。

（4）取出三角瓶，冰上预冷后，在超净台中将菌液转入经预冷的离心瓶中，于4℃条件下4000r/min离心15min。

（5）弃上清液，用10ml预冷的0.1mol/L $CaCl_2$ 重悬细胞。在无菌台中，将菌液倒入预先冰浴的50ml无菌离心管。冰上放置15min，于4℃条件下，4000r/min离心15min。

（6）弃上清液，倒置流尽残余上清液，用4ml预冷的含15%甘油的0.1mol/L $CaCl_2$重悬细胞。在冰上以每管100μl的量分装至冰预冷的EP管中，于4℃放置数小时后可直接用于转化或存入-70℃保存备用。

（注：此法制备感受态细胞可使每微克超螺旋质粒DNA产生5×10^6～2×10^7个菌落，这样的转化效率足以满足所有在质粒中进行常规克隆的需要，制备的感受态细胞可贮存于-70℃，但保存时间过长会使转化效率受到影响，一般三个月以内转化效率无多大改变。）

2. 转化

（1）从-70℃中取出感受态细胞，冰浴化开，取200μl于灭菌EP管中。

（2）加入适量质粒DNA（一般不超过10μl）轻轻混匀，冰浴30min。

（3）于42℃热休克90s，迅速转移至冰浴2～3min。

（4）加入LB液体培养基400μl，于37℃缓摇孵育45min，让抗性基因表达。

3. 平板培养检测 将培养物适量涂于含1.5%的相应抗生素抗性的琼脂LB培养平板上（LB选择性固体培养基），待胶表面没有液体流动时，37℃温箱倒置培养12～16h；观察培养皿中菌落的生长情况，从而判断质粒DNA是否转入细菌。

【注意事项】

（1）感受态细胞制备的各步操作时，均应在无菌条件、冰上进行。

（2）转化时，42℃的处理较为关键，时间、温度要尽量准确。

【思考题】

1. 转化、转染、转导、接合、感染几个概念的区别是什么？

2. 在做转化时，应该做哪些对照？

3. 还有哪些不同感受态细胞的制备方法及其相应的转化方法？

4. 如何判断质粒DNA是否转入细菌？

实验二十五　碱裂解法提取质粒DNA

【实验目的】

掌握碱裂解法制备质粒DNA的原理及方法。

【实验原理】

质粒是一种独立存在于宿主细胞染色体外的共价闭合环状双链DNA分子，大小为1～200kb。其通常分布于细菌、放线菌、真菌及一些动植物细胞中，在细菌中含量最多。质粒在宿主细胞中能够自主复制和转录，并能在子代细胞中保持恒定的拷贝数，可表达它携带的遗传信息，赋予宿主细胞特定的表型，是目前最常用的基因克隆载体分子之一。获得大量纯化的质粒DNA是基因克隆的前提条件。

提取质粒的方法很多，碱裂解法是一种应用最为广泛的制备质粒DNA的方法。阴离子表面活性剂SDS既能使细菌的细胞壁破裂，也能让细菌蛋白质变性，因此经SDS处理后，质粒DNA、染色体DNA及蛋白质等可从细菌细胞中释放出来。在高pH的碱性环境中，高分子量的染色体DNA氢键断裂而发生变性；质粒DNA的氢键也发生断裂，但由于呈共价闭合环状结构，两条互补链仍然互相缠绕并紧密结合在一起，不会完全分离。当迅速加入中和液使pH至中性时，由于质粒DNA分子量较小，可以迅速复性，呈溶解状，留在上清液中；而染色体DNA和变性蛋白质的分子量大，短时间内难于复性而与破裂的细胞壁互相交织成网状复合物，呈絮状，离心时可形成沉淀而被除去。上清液中的质粒DNA可用乙醇沉淀出来。

【实验材料】

1. 样品　DH5α大肠杆菌菌种。

2. 试剂

（1）溶液Ⅰ：取葡萄糖1.9g、1mol/L Tris-Cl（pH 8.0）5ml、0.5mol/L EDTA（pH 8.0）4ml，加ddH_2O定容至200ml，高压灭菌。室温存放。

（2）溶液Ⅱ：取2mol/L NaOH 1ml和10%SDS1ml，加ddH_2O定容至10ml，混匀，室温存放。

（3）溶液Ⅲ：取乙酸钾14.73g和冰醋酸5.75ml，加ddH_2O定容至50ml。室温存放。

（4）TE（含RNase A）（pH 8.0）；取1mol/L Tris-Cl 0.5ml、0.5mol/L EDTA 0.1ml、10mg/ml RNase A 100μl，用ddH_2O定容至50ml。

（5）无水乙醇，70%乙醇。

（6）苯酚-氯仿-异戊醇混合液（体积比为25：24：1）。

（7）LB固体培养基。

（8）LB液体培养基。

3. 器材　高速冷冻离心机，摇床，接种环，滤纸，制冰机，微量移液器及吸头，微量离心管，漩涡振荡器等。

【实验步骤】

1. 细菌培养　挑取LB固体培养基上生长的大肠杆菌单菌落，接种于2.0ml LB（含相应抗生素）液体培养基中，放37℃漩涡振荡器上振荡培养过夜。

2. 细菌收集　取1.5ml培养物转移入微量离心管中，室温或4℃离心，13 000r/min，1min，弃上清液，将离心管倒置在滤纸上，使液体尽可能流尽。

3. 细菌重悬　将细菌沉淀重悬于100μl预冷的溶液Ⅰ中，剧烈振荡，使菌体均匀分散。

4. 细菌裂解 加200μl新鲜配制的溶液Ⅱ于离心管中，快速颠倒数次混匀（不要剧烈振荡），并将离心管静置于冰上2～3min，使细胞充分裂解。

5. 质粒DNA的复性及分离 加入150μl预冷的溶液Ⅲ，温和颠倒数次混匀，见白色絮状沉淀，在冰上放置5min。12 000r/min离心10min，将上清液移至另一个EP管中。

6. 质粒DNA的抽提 加入等体积的苯酚-氯仿-异戊醇混合液，振荡混匀，室温或4℃离心，12 000r/min，10min。

7. 质粒DNA的纯化 小心移出上清液于另一微量离心管中，加入2.5倍体积预冷的无水乙醇，混匀，室温放置2～5min，室温或4℃离心，12 000r/min，10min。弃上清液，将离心管倒置在滤纸上，使液体尽可能流尽。

8. 质粒DNA的洗涤 加入1ml 70%乙醇，紧闭管口，洗涤沉淀1～2次，室温或4℃离心，12 000r/min，5min。弃上清液，将离心管倒置在滤纸上，使液体尽可能流尽，沉淀在室温下自然干燥5～10min，使乙醇挥发。

9. 保存 沉淀溶于20μl TE（含RNase A 20μg/ml），37℃水浴30min以降解RNA分子，-20℃保存备用。

10. 检测 采用核酸的紫外吸收法对提取的质粒DNA进行定量及纯度判断（见实验八）；采用DNA琼脂糖凝胶电泳鉴定（见实验十）。

【注意事项】

（1）加入溶液Ⅱ后，处理时间不能过长，要及时加入溶液Ⅲ。

（2）苯酚具有腐蚀性，应尽量避免接触皮肤。

【思考题】

1. 细菌基因组DNA与质粒DNA的区别是什么？

2. 质粒DNA制备的方法有哪些，各有什么特点？

3. 能不能通过碱裂解法进行基因组DNA的提取？

实验二十六 限制性内切核酸酶对质粒DNA的酶切

【实验目的】

（1）掌握限制性内切核酸酶的概念及作用特点。

（2）熟悉质粒DNA酶切的操作方法。

【实验原理】

限制性内切核酸酶（restriction endonuclease）是识别并切割特异序列双链DNA的一种内切酶，是剪切DNA片段的重要工具酶。限制性内切核酸酶分为Ⅰ型、Ⅱ型、Ⅲ型，其中Ⅱ型识别和切割核苷酸序列的专一性强，因此在DNA重组技术中最为常用。大部分Ⅱ型限制性内切酶可识别4～8个呈回文结构的核苷酸序列。

不同的质粒有不同的核苷酸序列，其上限制性内切核酸酶的酶切点位置及数量都不同，即有不同的酶切图谱。选择合适的限制性内切核酸酶可以将质粒切成不同大小的片段，酶切产物通过琼脂糖凝胶电泳，与已知分子量DNA对比，可以判断酶切片段大小，从而对质粒进行鉴定。

【实验材料】

1. 样品 制备好的质粒DNA0.2～1μg。

2. 试剂

（1）10×酶切缓冲液

（2）限制性内切核酸酶

（3）0.1mol/L EDTA溶液

（4）1%琼脂糖凝胶

3. 器材 恒温水浴箱，微量移液器及吸头，EP管，台式离心机，紫外灯或凝胶成像系统。

【实验步骤】

1. 加样 取灭菌的0.5ml EP管并在其中依次加入10×酶切缓冲液2.0μl，质粒DNA0.2～1μg，限制性内切酶1～2U（约0.2μl），最后加灭菌ddH$_2$O使总体积为20μl。

2. 酶切反应 轻轻混匀，稍加离心，放置于最适温度水浴并按所需的时间温育，一般为37℃水浴消化1～2h。最后，每管加2μl 0.1mol/L EDTA（pH=8.0）混匀或65℃加热5min，停止反应。

3. 酶切鉴定 取9μl酶切产物，加1μl 10×上样缓冲液，在1%琼脂糖凝胶中电泳，用紫外灯或凝胶成像系统进行观察。详见实验十。

【注意事项】

（1）应尽量减少反应体积，确保酶体积不超过反应体积的10%，以降低酶液中甘油对反应过程的干扰。

（2）每一次吸取酶时应更换新的无菌吸头，避免酶被污染；同时拿出冰箱时应放在冰上，尽快吸取，用完后应立即放回-20℃的冰箱。

【思考题】

1. 限制性内切酶有哪几种类型，其作用于DNA分子的特点是什么？

2. 什么是星号活性，限制酶在酶切过程中为什么有时会产生星号活性，如何避免？

3. 可否同时进行2种或2种以上限制酶的酶切？应考虑哪些因素？

实验二十七 PCR扩增目的基因及鉴定

【实验目的】

（1）掌握PCR扩增的原理和方法。

（2）掌握目的基因的鉴定方法。

（3）学会PCR仪的使用。

【实验原理】

聚合酶链反应（polymerase chain reaction，PCR）属于核酸体外扩增技术，具有特异、灵敏、简便快速、产率高、重复性好等突出优点。PCR的基本原理类似于DNA的天然复制过程，是通过温度控制在体外重复进行变性、退火及延伸的过程，从而使目的DNA片段的合成量呈指数型增长。

（一）PCR反应体系

PCR反应体系包括模板、引物、嗜热的DNA聚合酶、底物及含有Mg^{2+}的缓冲液。

1. 模板（template） 是含有靶序列的核酸分子，可以是DNA，也可以是RNA。如果用RNA做模板，首先要将RNA反转录生成cDNA作为扩增的直接模板。模板核酸的量和纯度是PCR能否成功的关键环节之一。因此，提取模板DNA时，样品常用SDS和蛋白酶K处理，再经有机溶剂酚与氯仿抽提，去除蛋白质和其他细胞组分，最后用乙醇或异丙醇沉淀核酸。

2. 引物（primer） 引物决定PCR扩增产物的特异性和长度。PCR反应中有两条引物，即5′端引物和3′端引物。设计引物之前，必须分析待扩增靶序列的性质，选择高度保守、碱基分布均匀的区域进行引物设计。常用的引物设计软件有Primer Primer5和Oligo 6。引物设计的基本要求：①引物长度一般为15～30个核苷酸（nt），常用的是20nt左右。若引物太短，可能会同非靶序列杂交而得到非特异的扩增产物或形成引物二聚体。②引物G+C含量为40%～60%，含量太低则扩增效果不佳，过高又易出现非特异条带。引物的G+C含量和T_m应该协调，可按公式T_m=4（G+C）+2（A+T）估计引物的T_m值，两条引物的T_m值相差2～3℃为宜。③引物中的碱基尽可能随机分布，避免出现嘌呤碱和嘧啶碱的堆积。④引物自身和引物之间应避免存在互补序列，尤其应避免3′端间的互补。⑤引物3′端不得有任何修饰，特别是最末两个碱基，应严格与靶序列配对，以免因末端碱基不配对而导致PCR失败。⑥反应体系中每条引物的量一般为10～100pmol，以最低引物量进行扩增为好，引物浓度过高会引起错配或非特异性扩增产物，也容易形成引物二聚体。

3. 嗜热的DNA聚合酶（*Taq*DNA聚合酶） 其被广泛用于PCR反应中，该酶是1969年从美国黄石森林公园火山温泉的水栖嗜热菌（*Thermus aquaticus*）YT-1菌株中分离提纯的嗜热DNA聚合酶，这种酶不仅在70～75℃时具有最高的聚合酶活性，而且热稳定性良好，在92.5℃、95℃、97.5℃时生物活性的半衰期分别为130min、40min和5～6min，故PCR中的变性温度（解链温度）不宜高于95℃。一般反应体系中，*Taq*DNA聚合酶浓度为1U/50μl。

4. 底物 为4种脱氧核糖核苷三磷酸（dNTP）。在PCR反应中，dNTP的浓度应在20～200μmol/L，4种dNTP的终浓度要相等。底物浓度过高可加快反应速度，但也会增加碱基的错配率；浓度过低会导致反应速度下降。

5. 含有Mg^{2+}的缓冲液 缓冲液为PCR反应提供合适的酸碱度和所需离子，其中Mg^{2+}

是*Taq*DNA聚合酶的必需激活剂。Mg^{2+}浓度过低会显著降低酶活性；Mg^{2+}浓度过高又会使酶的非特异性扩增增强，一般Mg^{2+}浓度保持在0.2～2.5mmol/L。

（二）PCR的基本反应过程

1. 热变性 将反应系统加热至93～94℃，使模板DNA完全变性成为单链，同时去除引物自身和引物之间形成的局部双链。

2. 退火 将反应温度缓慢降低（一般较引物T_m值低5℃），使引物与模板DNA退火结合。

3. 延伸 将反应温度升至70～75℃（常用72℃），DNA聚合酶以dNTP为底物，按碱基配对原则催化DNA的合成反应，使新链沿5′至3′方向不断延长。上述3个步骤称为一个循环。每一循环的产物成为下一轮扩增的模板，经多次循环（通常是25～30个循环），目的DNA片段以2^n倍进行扩增。

PCR技术建立以来，因其较高的实用性而在各个领域广泛使用。PCR方法本身又在使用中不断得到发展，形成了一系列适用于不同实验目的的特殊方法，如多重PCR、巢式PCR、反向PCR、重组PCR、原位PCR、反转录PCR、定量PCR等。本实验介绍的是经典PCR（普通PCR）技术。

【实验材料】

1. 样品 0.1μg/μl模板DNA：已提取得到的植物、动物或微生物的含靶基因的DNA。

2. 试剂

（1）10pmol/μl引物（上游引物和下游引物）（根据靶序列设计好的上下游引物）。

（2）10mmol/L 4×dNTP溶液。

（3）10×PCR缓冲液。

（4）*Taq*DNA聚合酶4U/L。

（5）琼脂糖凝胶电泳所需试剂见实验十。

3. 器材 微量加样器及吸头，PCR管，PCR仪，电泳仪，台式离心机，凝胶成像系统或紫外灯等。

【实验步骤】

1. 加样 准备两支PCR管，一支作为扩增目的基因管（加模板DNA），一支作为阴性对照（加ddH_2O），按表4-3加样。

表4-3 PCR反应加样表（μl）

加入物	目的基因管	阴性对照管
10×PCR 缓冲液	5	5
dNTP	4	4
上游引物	2	2
下游引物	2	2

续表

加入物	目的基因管	阴性对照管
模板 DNA	2	—
*Taq*DNA 聚合酶	2	2
ddH_2O	33	35
总量	50	50

混匀，瞬时离心10s。

2. 设置PCR扩增程序 把装有PCR反应体系的PCR管放入PCR仪中，设置PCR扩增程序。

（1）94℃预变性 3min，1个循环。

（2）94℃变性30s，60℃退火30s，72℃延伸 45s，25个循环。

（3）72℃延伸7min，12℃保持。

保存这个程序并运行。一般完成一次PCR反应需要2～3h，PCR完成后取出PCR管，放入-20℃冰箱保存。

3. 样品鉴定 取8μl扩增样品于EP管中，加10×上样缓冲液2μl，在琼脂糖凝胶中进行电泳检测，方法见实验十。

【注意事项】

（1）微量实验，注意取量准确。

（2）PCR技术的检测灵敏度非常高，尽量避免污染导致假阳性。

（3）需要设置对照，以便出现异常结果时分析原因。

（4）变性、退火、延伸的具体温度、时间应该根据所扩增的目的片段和引物来决定。

【思考题】

1. 据你所知，现在除了经典的PCR扩增外，还有哪些PCR？其作用是什么？

2. 简述PCR在临床上的应用。

实验二十八　蛋白质印迹实验

【实验目的】

掌握蛋白质印迹法检测蛋白质的原理及方法。

【实验原理】

蛋白质印迹法（western blot，WB）是将蛋白质经过电泳分离后转移到固相载体上，再利用抗体检测靶蛋白的一种方法。WB检测蛋白质的敏感性可低至1～5ng，因此该技术已广泛应用于检测样品中蛋白质水平的表达。WB的基本流程如下。

1. 蛋白质样品的制备及SDS-聚丙烯酰胺凝胶电泳分离 蛋白质样品的制备依来源不

同，有不同的处理方法。其基本原则是蛋白质要呈溶解状态。制备好的混合蛋白经SDS-PAGE进行分离（原理见实验六）。

2. 转膜　将SDS-PAGE胶上的蛋白转移到固相载体上，最常用的有硝酸纤维素（nitrocellulose，NC）膜和聚偏二氟乙烯（polyvinylidenefluoride，PVDF）膜。固相载体以非共价键形式吸附蛋白质，且能保持电泳分离的多肽类型，对蛋白质活性影响小。蛋白质电转移装置是将凝胶与NC膜放入带有铂电极的电转移槽内，由于蛋白质带有负电荷，故凝胶应在负极一侧，NC膜放在正极一侧，接通电源后，蛋白质由负极向正极转移至膜上；转移结束后，可将凝胶用蛋白质染料如考马斯亮蓝等进行染色，检查转移是否完全。蛋白质电转移图如图4-1所示。

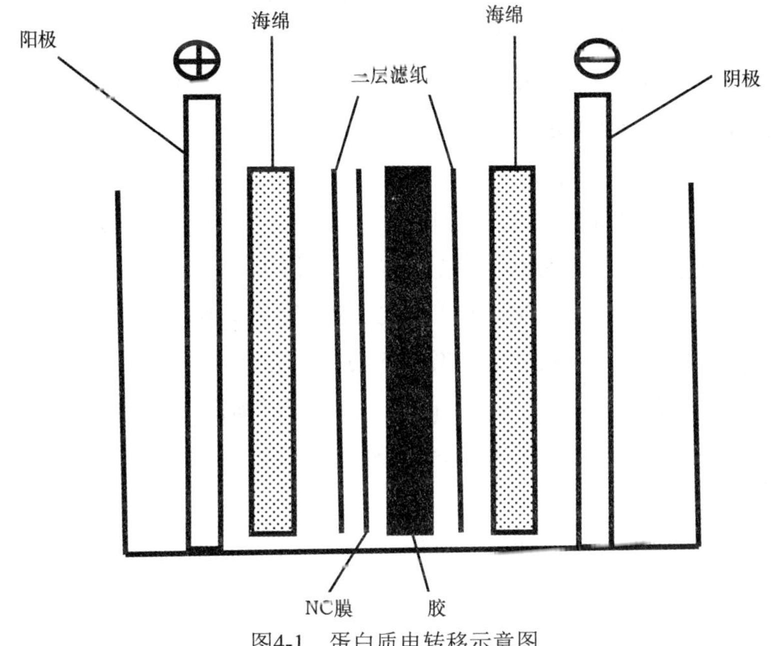

图4-1　蛋白质电转移示意图

3. 封闭　NC膜除了可与电转移时的蛋白质结合外，还可与作为检测试剂的特异性的第一抗体发生非特异性结合，这样会增强非特异性背景，因此要对NC膜上的潜在结合位点进行封闭，常用5%的血清白蛋白或脱脂奶粉进行封闭。

4. 一抗杂交　用所要研究的特定蛋白质的抗体（一抗）处理，一抗常为抗特定蛋白的多克隆抗血清或单克隆抗体。一抗的稀释度需由预实验来确定。

5. 二抗杂交　二抗是针对一抗的免疫球蛋白。二抗需要根据一抗的性质进行选择，如一抗为鼠源性的单克隆抗体，二抗就是抗鼠IgG。二抗的稀释度也需要预实验来确定。

6. 底物显色　目前常用的二抗是用辣根过氧化物酶（horseradish peroxidase，HRP）或碱性磷酸酶（AKP）进行标记的，称为酶标抗体，当酶催化底物显色时，产生可见区带，指示所要研究的蛋白质位置。HRP可催化底物3，3′-二氨基联苯胺（diaminobenzidine，DAB）与H_2O_2反应产生棕色的条带；AKP可催化底物5-溴-4-氯-3-吲哚酸（5-bromo-4-chloro-3-indolylphosphate，BCIP）与氮蓝四唑（nitro-blue tetrazolium，

NBT）发生反应，产生深蓝色化合物。目前实验室常用的还有底物化学发光法，二抗为HRP标记，HRP在H_2O_2存在下，氧化化学发光物质鲁米诺（luminol）并发光，在化学增强剂存在下光强度可增大1000倍，通过将印记放在照相底片上感光，即可检测到特定蛋白的存在。

本实验通过检测小鼠肝脏细胞色素P450酶中CYP1A1的表达来介绍蛋白质印迹实验技术。

【实验材料】

1. 样品 小鼠肝脏。

2. 试剂

（1）1.5mol/L Tris-HCl（pH 8.8）：将18.16g Tris溶于60ml ddH_2O，用浓盐酸调节pH至8.8，加ddH_2O定容至100ml，4℃保存。

（2）1.0mol/L Tris-HCl，（pH 6.8）：将12.12g Tris溶于60ml ddH_2O，用浓盐酸调节pH至6.8，加ddH_2O定容至100ml，4℃保存。

（3）10%SDS：将SDS10g溶于90ml ddH_2O，溶解后加ddH_2O定容至100ml。

（4）10×TBS（pH 7.6）：将Tris 24.2g、NaCl 80g溶于700ml ddH_2O，用1mol/L HCl（约15ml）调节pH至7.6，加ddH_2O定容至1000ml。使用时稀释为1×TBS。

（5）TBS-T（pH 7.6）：1×TBS加吐温-20使浓度为0.1%。

（6）5×电泳缓冲液（pH 8.3）：将Tris 15.1g、甘氨酸94g、SDS5g溶于1000ml ddH_2O，4℃保存（若有沉淀出现，用前加热至室温即可）。使用时稀释为1×电泳缓冲液。

（7）转移缓冲液（pH 8.3）：取Tris 3.03g，甘氨酸14.4g，加入200ml甲醇，溶解后加ddH_2O定容至1000ml。

（8）10mmol/L PMSF液；取PMSF 0.01742g，加入8ml异丙醇，溶解后加ddH_2O定容至10ml。

（9）裂解缓冲液：将Tris 0.61g溶解于60ml ddH_2O中，用浓盐酸调节至pH 8.0，然后加入NaCl 0.88g，TritonX-100 1ml，加ddH_2O定容至100ml。

（10）PBS：取NaCl 18g、KCl 0.2g、Na_2HPO_4 1.44g、KH_2PO_4 0.24g，溶于ddH_2O中，用浓盐酸调节pH至7.4，加ddH_2O定容至1000ml。

（11）10%过硫酸铵：将0.5g过硫酸铵溶解于5ml ddH_2O中，分装，于-20℃保存（现配现用）。

（12）封闭液：1×TBS，0.1%吐温-20，5%（*w/v*）脱脂奶粉。

（13）30%丙烯酰胺溶液（Acr∶Bis=29∶1）：取丙烯酰胺（Acr）29g，甲叉丙烯酰胺（Bis）1g，加ddH_2O溶解并定容至100ml（储存于棕色瓶中，4℃保存，可用1个月）。

（14）1×SDS上样缓冲液：0.01%（*w/v*）溴酚蓝，5% β-巯基乙醇，2%（*w/v*）SDS，10%甘油，62.5mmol/L Tris-HCl（pH 6.8）。

（15）其他：预染蛋白质分子质量标准品，抗靶蛋白的IgG抗体，二抗，TEMED，溴酚蓝染料。

（16）DAB显色试剂盒，BCA蛋白浓度测定试剂盒。

3. 器材 恒温水浴箱，冷冻离心机，水平摇床，电泳仪，垂直电泳装置，玻璃匀浆器，醋酸纤维素膜（NC膜），试管，Tip头、Ep管，剪刀，镊子，移液管，酶标仪，玻璃棒，滤纸，96孔板，天平，制冰机，吸管，铅笔等。

【操作步骤】

1. 样品制备 小鼠禁食过夜，断头处死，迅速剖开腹腔，取肝脏称重。置于玻璃匀浆器中，按1g肝组织加入预冷的裂解缓冲液10ml及10mmol/L PMSF 1ml，在冰上研磨成匀浆。取匀浆于4℃条件下，15 000r/min，离心30min。小心吸取上清液，取少量进行蛋白定量，余下于-20℃保存备用。

2. 蛋白定量（BCA法） 使用BCA蛋白浓度测定试剂盒。分别取0.5mg/ml蛋白标准液（试剂盒中有）0、1μl、2μl、4μl、8μl、12μl、16μl、20μl加到96孔板的标准品孔中，加PBS补足至20μl。取待测样品2μl，加入18μl PBS。然后各孔加入200μl BCA工作液（试剂盒中有，A液：B液=50：1），37℃孵育30min，显色。用酶标仪测定562nm处的吸光度值，绘制标准曲线，计算蛋白质含量。亦可用实验四中的方法定量。

3. 凝胶制备 将12%分离胶（配制方法见表4-4）缓慢注入制胶板内（液面距梳齿下方1cm），上方加入少量蒸馏水封闭胶面。

表4-4 12%分离胶的配制方法

12% 的凝胶溶液成分	体积（总体积 10ml）
ddH_2O	3.3ml
30% 丙烯酰胺溶液	4ml
1.5mol/L Tris（pH 8.8）	2.5ml
10%SDS	100μl
10% 过硫酸铵	100μl
TEMED	4μl

注：前四项组分混匀后，再加入过硫酸铵和TEMED。

待分离胶凝固后，吸干上方水分，缓慢注入5%聚集胶（配制方法见表4-5），并插入梳齿。待聚集胶凝固后，小心拔除梳齿。

表4-5 5%聚集胶的配制方法

5% 的凝胶溶液成分	体积（总体积 5ml）
ddH_2O	3.4ml
30% 丙烯酰胺溶液	0.83ml
1.0mol/L Tris（pH 6.8）	0.63ml
10%SDS	50μl
10% 过硫酸铵	50μl
TEMED	5μl

注：前四项组分混匀后，再加入过硫酸铵和TEMED。

4. 上样及电泳 在电泳槽内注满1×电泳缓冲液，去除样品中气泡。根据蛋白定量结果，将蛋白质样品与适量上样缓冲液混合，使浓度成为每20μl含40μg蛋白样品。上样前，于95℃加热变性5min。用微量移液器将蛋白样品（20μl/孔）、蛋白质Marker（4μl/孔）缓慢加入点样孔，空白泳道用等量上样缓冲液填补。电泳初始电压为80V，待溴酚蓝染料进入分离胶后，将电压增至120V，稳压。当溴酚蓝染料抵达分离胶底部，结束电泳。

5. 转膜 预先准备与凝胶大小相同的6张滤纸及1张NC膜，放入转移缓冲液中，浸泡5min。待电泳完成后，小心取下凝胶，按照（负极）海绵→3张滤纸→凝胶→NC膜→3张滤纸→海绵（正极）的顺序，依次叠放在转移夹板内（注意避免气泡产生，可用玻璃棒在夹层组合上滚动，将气泡赶出）。然后转入盛有预冷转移缓冲液的转移装置内，将NC膜一侧靠正极，凝胶一侧靠负极。4℃条件下200mA稳流，转移2h。

6. 封闭 转移完成后，取出NC膜，用铅笔标记正面，室温干燥数分钟。转入封闭液中，室温振荡2h或4℃过夜。

7. 一抗结合 将CYP1A1一抗与封闭液混合（按1∶200配制），制成一抗孵育液。将NC膜浸入一抗孵育液中，膜正面向上，室温振摇2h或4℃过夜。孵育结束后，以1×TBS-T洗膜3次，每次5min。

8. 二抗结合 将二抗与封闭液混合（按1∶3000配制），制成二抗孵育液。将NC膜浸入二抗孵育液中，膜正面向上，室温振摇1h。孵育结束后，以1×TBS-T洗膜3次，每次5min。

9. 显色（DAB显色） 使用DAB显色试剂盒。在试管中加入HRP反应缓冲液10ml，再依次加入试剂A 500μl、试剂B 500μl、试剂C 500μl。充分混匀，避光反应5～30min，等目的条带显色后，用少量PBS清洗，拍照保存。

【注意事项】

（1）全程佩戴手套操作，避免污染滤纸、凝胶或膜；同时避免接触有毒物质（未聚合的丙烯酰胺及DAB）。

（2）组织研磨要充分，否则蛋白质释放不完全。

（3）灌胶时尽量缓慢均匀，避免气泡产生。

（4）梳子插入浓缩胶时，应确保无气泡；拔出梳齿时，应小心避免破坏加样孔。

（5）上样时，缓慢注入，避免样品溢出，污染相邻加样孔；上样后应尽快电泳，减少蛋白质条带扩散。

（6）转膜时，滤纸、胶、膜之间不能有气泡，以免造成短路；与NC膜及凝胶相邻的滤纸不能过大，避免互相接触引起短路。

（7）与抗体孵育时，注意使NC膜完全浸入孵育液中。

【思考题】

1. 哪些原因可造成膜上无蛋白条带？

2. 除了DAB显色法外，还有哪些显色方法？原理是什么？各自有哪些优缺点？

3. 蛋白质印迹为什么要用二次抗体？

4. 实验中使用脱脂奶粉封闭的是哪些蛋白质？

主要参考文献

刘戟，曾凡才，2017. 生物化学与分子生物学实验教程. 北京：科学出版社

马文丽，2011. 分子生物学实验手册. 北京：人民军医出版社

马文丽，李凌，2011. 生物化学与分子生物学实验指导. 北京：人民军医出版社

萨姆布鲁克，2002. 分子克隆实验指南. 3版. 北京：科学出版社

王玉明，2011. 医学生物化学与分子生物学实验技术. 北京：清华大学出版社

吴士良，钱晖，周亚军，等，2009. 生物化学与分子生物学实验教程. 2版. 北京：科学出版社

杨昌国，李清华，许叶，等，1995. 中华医学会检验学会血脂测定推荐方法三、血清甘油三酯测定二步酶法（草案）. 中华医学检验杂志，18（4）：249-251

余瑞元，袁明秀，陈丽蓉，等，2012. 生物化学实验原理和方法. 北京：北京大学出版社

周春燕，药立波，2018. 生物化学与分子生物学. 9版. 北京：人民出版社